U0112040

大展好書 ✕ 好書大展

運動遊戲 5

測力運動

濱田靖一／著

王佑宗／譯

大展出版社有限公司

序　文

　　筆者認為做各種嘗試的意願可促成自我開發，是非常好的生活態度。相較於其他動物只順應自然環境地生活，人類長久以來即與自然對抗並做各種不同的試驗。雖然其間有許多的失敗，但今日的成就乃是以往許多成功累積而成的。其要素是基於需要及對新經驗的興趣、冒險心等人類原有的慾求，而積極的行動力是一切嘗試的出發點。

　　人除了向外界的大自然挑戰之外，還渴望對內在的自我深入地探求、摸索。自古以來，人類以各種不同的形式對自己本身做了許多的試驗。在體力、技術方面，從鄉村慶典的相撲、保存在神社、寺廟內的力石、拔河繩等可見其一斑。而旅行的經驗、武士修行等都有助於自我的啓發。而在精神方面則磨練膽識、魄力，如小時候夜深人靜後刻意走一趟墓地等等。

　　筆者十幾年來擔任青年海外協力隊的主考官，有機會與許多年輕人接觸。考試時，多數的年輕人對於「你為何想在開發中國家工作？」這個問題的回答多半是，為開發中國家的發展貢獻己力並試驗自己或體驗異質的生活文化，在艱苦的環境下鍛鍊自己等等。試驗自己並發揮自己的慾望是年輕人應

有且必要的慾求。但這種慾望並非年輕人專屬，兒童也有兒童們想要嘗試的慾望，這個慾望會隨著年齡的成長而成型。測試自己所具有的體力或技能的有競技測驗或體力測定。

若從鍛鍊自己本身這一點而言，測力運動或競技測驗、體力測定都是一樣的，但其目的與性質卻不相同。

競技測驗或體力測定是以人為的方式做數量的掌握，而測力運動是自然的、表現性的、情緒性的，且耐人尋味又具有持續性，和體育運動或生活息息相關，同時又兼具休閒性，這些乃是異於其他運動的特徵。

測力運動在學校體育的運動史上為時已久，不過，出人意外的是落實的程度相當薄弱。因此，筆者認為現場的指導者應掌握測力運動的特徵，深入地瞭解其真髓並做啟發興趣的活用。

執筆本書的原意乃祈使本文內容成為現場指導者的參考。若能有所助益乃筆者大幸。

作者

目　錄

紐西蘭的測膽運動
高空彈跳（Bungy Jumping）

　　綁住雙腳腕再套一條橡皮繩，從高達五十公尺以上的鐵橋上往下面的溪谷一躍而下。橡皮繩直落到接近清澈溪流的水面，翻身懸掛在空中，在溪谷間做大幅度的彈動。然後由待機等候的船迎接。據說費用是紐西蘭幣一百元（約台幣二千五百元）。費用雖不便宜卻有許多志願者輪番等候。這項運動在紐西蘭各地都有，場所並不限定在溪谷間，也可在丘陵上或海岸邊進行，除了綁腳的彈動外還有綑綁身體的方式。

　　這原本是南太平洋的新賀伯地島（New Hebrides）所傳承的成人式所舉行的測膽運動儀式，在紐西蘭將其商業運動化。

一、測力運動的性質與目的

　　自古以來，兒童的生活領域中有許多嘗試自己潛能的遊戲，而在成年人的生活中類似的遊戲也林林總總。這些當然不隸屬於體育的系統內或具有組織的教育內容，多半是顯得滑稽、逗趣而帶有鄉土味。

　　譬如「將糖果拋向空中用口銜接」──也許是出自養狗小孩的構想？「可以用自己的舌頭舔鼻子嗎？」──或許是養牛人家的兒童最先嘗試的遊戲。「不用手而能使耳朵觸動嗎？」──說不定是出自養貓少年的靈感？相信也有許多人記得，孩提時代曾經互相較勁誰能用鼻子與上唇夾住鉛筆，或反翹下唇，是否能夾住紙捲的玩意兒。而各地的運動會，所舉行的吃麵包競賽也是其中之一。

　　除了利用臉孔五官的遊戲之外，還有許多使用指頭、雙腳的遊戲。也許這些兒童們日常生活中的玩意，是那個年齡層的孩子代代相傳的無形文化財吧。

　　這些源自日常生活智慧的遊戲，在世界各國的兒童之間流傳已久。文藝復興時代的荷蘭，經常描繪農夫或魔鬼圖畫的彼得布利格爾的『兒童的遊戲』中也留下記錄，而其他描繪兒童遊戲的圖畫中，也常見兒童們自創、嘗試的遊戲。

　　除了兒童之外，日本著名的葛飾北齋漫畫中亦有許多描繪和江戶（前東京）年輕人的「測力運動」。而最令人感興趣的是這些運動在當時深受重視且人人確實履行。

　　1886年在加拿大的艾德蒙頓舉行全世界學生運動競技大會。當時的開幕典禮有各項的表演，其中之一是在整個

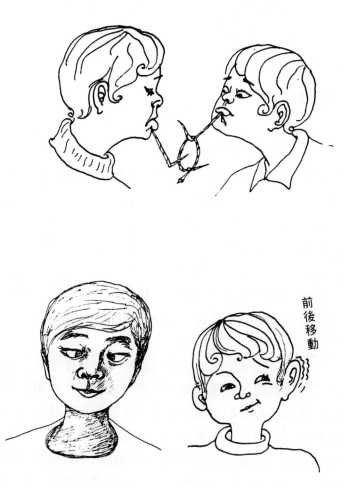

前後移動

會場攤開一塊描繪著加拿大地圖的巨大布帆。十幾名青少
年們集合在帆布上繪有自己出生的城鎮、村落的位置。然
後依序介紹自己鄉鎮引以爲豪的遊戲。當中有幾項「測力
運動」的遊戲博得觀衆如雷的掌聲。

測力運動

　　測力運動（ Stunts ）這個語詞本來並非英語而是美國
的俚語，帶有地方的鄉土味。

　　字典上的解釋是絕技、驚人的技藝、特技飛行等等，
總而言之是令人看得目瞪口呆的技藝。

　　後來被轉用爲體育用語，成爲泛指「測力運動」的語
詞。因此，有些人不使用 Stunts 的俗語，而採用 Self test-
ing exercise 的術語。

　　美國人自創的運動有棒球、籃球、排球、美式足球等
多種。促成這類運動誕生的背景，當然有美國人的歷史及
社會環境。特技也是其中之一。

　　而十九世紀末從歐洲流傳到美國大陸的身體文化中，
有德國體操及瑞典體操。筆者認爲特技產生的肇因是出自
對這類體操所具有的合理性、形式性的反叛。他們雖然理
解多數人在一個口令下做同樣的反應、反覆類似的動作的
運動效率性，卻無法放棄依自己的嗜好來活動自己肢體的
嘗試。因此，爲了與合理性、形式性的體操對抗，於是誕
生了從生活中聚集許多嘗試潛能的 Stunts 。

　　因此，Stunts 的特徵不是單項、形式化的訓練，而

是自己積極主動地向某個運動挑戰以戰勝肢體能力。

Stunts 不只是所謂的肌力、能力還含有柔軟性、平衡性、表現力等，內容多采多姿。不過，在美國鐵棒或平衡棒等的器械運動並不包含在特技項目中。本書也不包含器械運動，但對於使用身邊的器具或運動器材的運動頗感興趣而收錄在內。

「測力運動」是 Stunts 的翻譯詞。

學校體育中的測力運動

以日本爲例，1951 年在學校體育中設有「巧技」的運動領域，其中有測力運動的教材。

這是測力運動進軍日本學校體育的發端。

而設定「巧技」這個新式運動領域的是本間茂雄先生。「巧技」是全新的名稱，在日本的字典裡找不到這個語詞。其實這個語詞是「技巧」的倒錯字。它在解說書中提及：巧技是技巧性的運動，做這項運動必須具備巧智性及靈活性，藉由這項運動的練習可以習得肢體的靈活性，因而將這類運動總括爲巧技——。

他還附帶說明：運動內容和以往的器械體操（現今的器械運動）組合成體操、旋轉運動等——英語所謂的「Stunts」是乍看下簡單，實行卻不易的自試性運動之類。

至於分類的方法並不依以往的鐵棒、跳箱等傳統方式，而根據 1、柔軟型，2、步走型，3、平均型，4、垂

懸型，5、跳躍型，6、迴轉型，7、力技型，8、組合型運動等，依這些運動所具有的要素而分類，測力運動也分配在這個類型中。

　　這項運動領域的設定具有獨創性，理論上也是令人信服的嶄新構想。但現場的指導者卻有許多抗議的聲音，他們並不喜歡這樣的設定，認爲難以實行、不易瞭解、不適合現場指導或分類法，缺乏國際性等等。因而日本的教育部在往後的指導要領中將所謂的「巧技」的運動領域解散，不再使用「巧技」這個名稱。

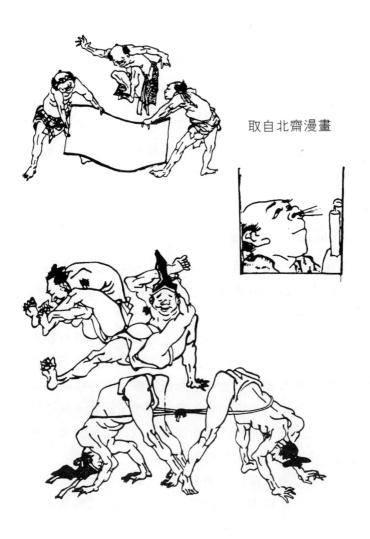

取自北齋漫畫

1951年進軍學校運動領域的特技，因巧技領域的消失而從器械系統轉移到體操的範疇，現在在小學低、中年級的『基本運動與遊戲』這個大領域中以『測力運動』這個名稱延續下來。

因此，目前只有小學實行「測力運動」，但其內容豐富、範圍廣泛，筆者認爲今後應在中學、高中等學校給予推廣、應用。它不僅是測力運動，還具有休閒性，也兼具情操的一面，我相信它充分具備了做爲家庭或生涯體育的素材。

「測力的運動」的實行法

這項運動又稱爲「自我測試運動」（Self testing exercises），因而其最大特徵是自己可以測試自己的肌肉柔軟性、瞬發力、持久力等。

大部份的運動都有較勁的對象及勝負，有時還有觀衆的聲援，但這項運動自己本身就是對象，因而隨時可練習，又無競爭對象及觀衆，也不必強己所難。依自己的方式紮實地練習，從中可以得知自己體能的優、缺點。同樣地，可以在自己組成的小組內實施而藉此找出小組的優、缺點，做爲今後自主性練習的材料。

如果是在「基本運動與遊戲」的規範中實行，剛開始彼此可互相協助、觀摩、探討要領，在互助交流的氣氛中實施。

同時，這項運動有許多項目可以變成休閒活動或應用

在家人團聚、朋友交流中。

若在學校的課堂上實行，可以製作「測力運動」的單元進行指導，但筆者認為將其插入體操或體育課中來實行較能駕輕就熟。

它可以使上課富有多采性與活潑性。因為，它足以充當各種運動或競技的準備運動、補強運動。

但隨興地把測力運動穿插在競技活動的前後，則令人難以苟同。應該事先做計劃性的準備，如某個競技運動適合與測力運動搭配或做為準備、補強運動亦或做為轉換心情的穿插運動等。

本書將 Stunts 的運動領域分為走、跑、爬、站姿等七個領域，因而可從各領域挑選一或兩個項目配組練習。若做為單元來實行時，不必侷限各個領域的項目，而可跳出領域的範疇，如和蹲踞或站立的領域配成組做練習，以不同項目的組合做練習較富有變化且令人感到興趣盎然，實行起來份外有趣。

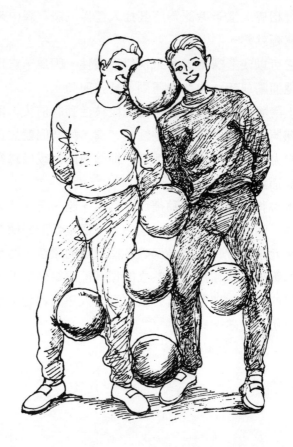

二、測力運動——操作法

走、跑、爬

①貓式走步、大象步走
②小步走、大步走
③抬腳走(A)(B)(C)
④蹲著走
⑤三腳兔走
⑥海豹走
⑦腕立伏臥、交叉側走
⑧長坐、臀部走
⑨尺取蟲步走(A)
⑩尺取蟲步走(B)
⑪手腳靠攏
⑫腕立、仰臥走步
⑬臀部走步
⑭兔子跳
⑮雙腳靠攏跳
⑯膝蓋步走
⑰握腳膝走
⑱腹部旋轉
⑲拱橋步走
⑳繞圓跑
㉑蹲著跑
㉒預備、起跑
㉓單腳後轉前行
㉔旋轉側走
㉕腳底側向移動
㉖芭蕾跳

貓式走步

彷彿貓接近獵物時,躡手躡腳徐緩地前進。問題不在於能否做出這個動作,而是有無像貓一樣行走的模樣。

——表現——(小學低年級)圖1

1

大象步走

採雙手雙腳搭在地板匍匐而行的姿勢,交互移動右手、右腳、左手、左腳,有如大象慢吞吞地前進的感覺。

——平衡感——(小學低年)圖2

2

小步走、大步走

　　剛開始只使用腳掌小碎步地往前走八步，接著盡可能大步地抬起單腳往前踏出。以大跨步前進八步。大小步交互地往前進。

　　　　——柔軟性（骨關節、腳腕）——（小學）圖 3

抬腳走(A)

　　雙手各自握住雙腳的腳腕。注意雙手不離腳，數 1、2、1、2 往前或側邊走。也可以在 5～6 公尺的短距離內競走。這時如果手離開腳腕就落敗。——調整力、精巧性——（小學）圖 4

4   5

抱雙腳走

身體往前彎、雙手握住膝蓋下方，以膝蓋以下為著力點，雙手握住往前走。圖 5

內側握腳步行

雙腳朝左右張開，身體往前彎曲，雙手伸入膝蓋內側再伸出外側，從外側朝裡由上握住腳背。保持這個姿勢往前步走。圖 6

蹲著走（蹲踞步行）

右手握住右腳腕，左手握住左腳腕，由兩側握住腳後蹲立下來。剛開始小步走，掌握要領之後跨大步走。也可朝側邊或後邊走。疲倦時鬆開手做輕快地跑步，或在原地跳。

──調整力──（小學、中學）圖 7

6

7

三腳兔走

採匍匐姿勢（雙手雙腳落地爬行的姿勢）再提單腳往後仰，以雙手及一隻腳有如兔子狀跳著前進。往上抬起的腳隨時保持身體的平衡，這個前進運動可做為倒立運動的輔助。交換腳練習——調整力——（小學、中學）圖8

8

海豹走

採腕立伏臥姿勢，雙手手指朝向後方（腳側），腳腕伸直使腳背碰觸地板。保持這個姿勢只用手臂力量往前走。這個步行法可能會使腳背磨傷，最好穿上鞋子或襪子。

——雙手臂支撐力、上半身——（小學、中學〔女子〕、高中〔女子〕圖 9

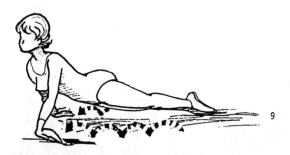

9

腕立伏臥、交叉側走

採腕立伏臥姿勢，用雙手、雙腳往側邊移動。首先用右手、右腳支撐體重並與左手、左腳呈交叉狀往側邊伸出，接著將體重置於伸出的手臂、腳上，解開手腳的交叉。然後再呈交叉狀移動。掌握要領後做規律性的移動。

——調整力、平衡——（小學高年級、中學）圖10

10

長坐、臀部走

①長坐、手置於腰側。

②體重落在雙手上，挺起身使臀部離地，讓腰朝前方的腳跟移動。

③臀部落地，雙腳伸直，變成長坐姿勢。

④反覆②的動作。

——調整力、腹肌、背肌——（小學）圖11

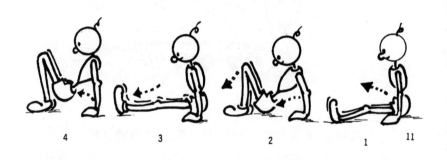

尺取蟲步走(A)

從站立姿勢將雙手伸向體前，體重置於雙手並將雙手位置慢慢移向前方，變成腕立伏臥姿勢。然後在這瞬間將腳位置迅速移動到手的位置。盡可能讓雙腳靠近雙手。反覆上述動作並往前進。

——調整力、手腳、腹背肌——（小學）圖12

12

尺取蟲步走(B)

　　採腕立伏臥姿勢，鬆弛腹肌，讓腰部貼靠地板再迅速用其反動力抬高腰部位置，同時讓雙腳靠近雙手位置。接著雙腳併攏一步步地同時往雙手位置移動，而變成腕立伏臥姿勢。反覆這個動作往前進。

　　——瞬發力、腹肌、背肌——（中學、高中）圖13

13

手腳靠攏

以腕立伏臥姿勢讓手腳同時慢慢地靠攏。可以像步走的方式讓手腳交互地接近，也可以併攏同時靠近。不可彎曲膝蓋。當手腳碰觸後則朝反方向離開。

——柔軟性、調整力——（中學、高中）圖14

14

腕立、仰臥走步

採腕立仰臥的姿勢，朝前後、左右移動。

――調整力、背腹――（小學）圖15

15

臀部走步

坐在地板上雙腳往前伸。讓體重交互置於左右臀部並往前移動。移動前讓身體左右搖晃做重心移動，在左右臀部的練習後，掌握這個韻律感往前進。也可朝後方移動，或朝左右移動。當然也能像步走時甩動手臂。雙腳輕輕碰觸地板的程度，避免用腳拖著身體走。也可養成從身體中心利用身體移動的方式。非常適合鍛鍊直腹肌、外腹斜肌。

――腹肌、背肌――（中學、高中〔女子〕）圖16

16

16

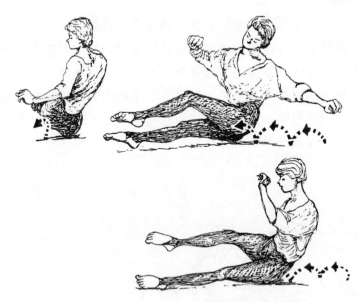

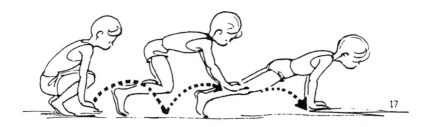

17

兔子跳

採蹲踞姿勢。雙腳保持原位，上體往前探出有如前跳的姿勢，雙手著地變成腕立伏臥姿勢，重心置於雙手臂上，接著雙腳以拖拉的方式靠近手臂。雙手靠近手臂後上體再往前方探出。——調整力——（小學）圖17

雙腳靠攏跳

採伏地挺身姿勢，雙手不動，然後抬起腰身用雙腳的

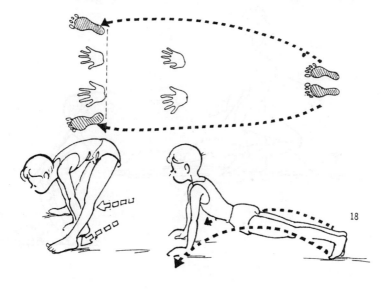

18

踢力讓雙腳移動到雙手外側。可以抬起腰身呈ㄥ字形的體勢來練習，儘量伸展軀體，先鬆弛腹肌再利用反動使雙腳靠攏。剛開始雙手大幅張開，雙腳併攏以方便雙腳靠近雙手。

反覆上述的動作並往前進。圖18

膝蓋步走

跪立在彈墊上保持正確姿勢，往前方規律性地步走。

——調整力——（幼稚園、小學、中學）圖19

握腳膝走

跪立在彈墊上雙手握住雙腳尖，只用膝蓋頭站立在彈墊上，保持均衡地往前進。

——柔軟性、調整力——（中學、高中〔女子〕）圖20

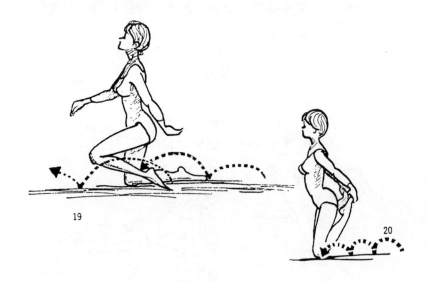

19

20

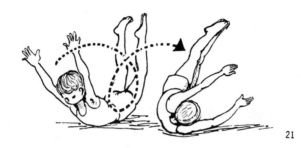

21

腹部旋轉（ㄑ字旋轉）

　　伏臥在彈墊或地板上。雙手雙腳移開彈墊或地板往側方旋轉。旋轉時避免手腳碰觸彈墊或地板。不僅不可碰觸還應盡可能讓雙手雙腳遠離彈墊或地板。開始旋轉的姿勢並非從伏臥姿勢，而是從仰臥的 V 字體形開始。

　　無法順利操作時可央求他人從側面輔助。

——柔軟性——（中學、高中）圖21

拱橋步走

　　若能做成拱橋狀首先將體重置於單腳上，然後往腳前方踏出，接著雙手位置漸漸往腳側移動，另一隻腳也往前方移動，如此慢慢地朝前移動。

——柔軟性、精巧性——（中學、高中〔體操部〕）圖22

22

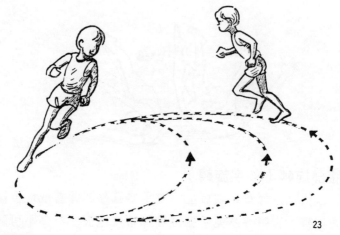

23

繞圓跑

如圖所示在地面上畫一個大圓或小圓，在圓周上奔跑。要領是身體朝向圓心（內傾）。反覆慢跑及快跑。

——調整力——（幼稚園、小學）圖23

蹲著跑（降低重心跑步）

快速奔跑的正統跑法是身體往前傾，重心抬高的方式，但鋸齒狀跑步或閃避對方跑步時，則採重心下移用小腿跑步的方法。這是籃球、手球、足球經常使用的跑法。可在地面畫蛇形或圓形狀，在上面練習迅速的跑步。

——調整力——（小學、中學、高中）圖24

24

預備、起跑

這是在20公尺左右的短距離內以各種姿勢起跑的運動。雖然只要從起跑線到終點，以短時間跑完即可，但這項運動的重點並非快速奔跑的練習，而是學習起跑動作之前的姿勢。首先設定起跑線及決勝線，以各種姿勢起跑後到達終點。起跑的姿勢，立姿——從站立閉腳直立或開腳、側向、後向或中腰到蹲踞——蹲立姿勢、手搭地面蹲立姿勢（陸上競技的預備姿勢、相撲開始搏鬥前的姿勢等），坐姿——正坐、盤腿坐、長坐等、臥姿（躺臥在地的姿勢）——腕立、伏臥、仰臥、側臥等。

奔跑的運動是可以自己迅速地搬運自己的身體，因而要領是從起跑位置到終點之間必須筆直地在直線上奔跑，讓重心順利地置於奔跑的軌道上。從經驗及身體習得這個要領。

——調整力——（小學、中學）圖25、26、27

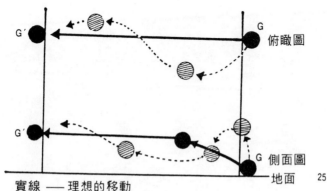

實線 —— 理想的移動
虛線 —— 效率最較差的移動
G —— 重心的位置

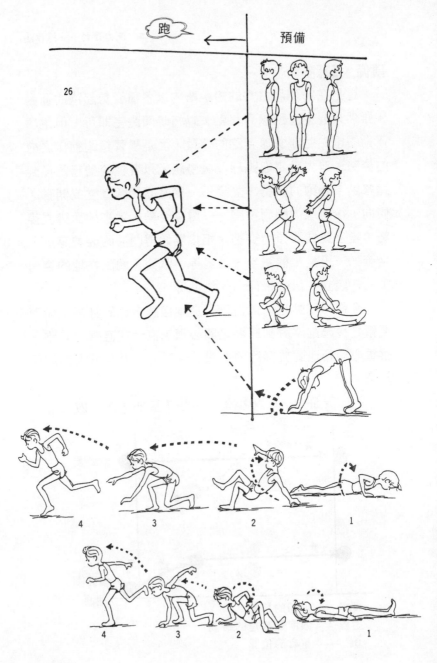

跑　　　　　　　　　　預備

26

4　　　　3　　　　2　　　　1

4　　　　3　　　　2　　　　1

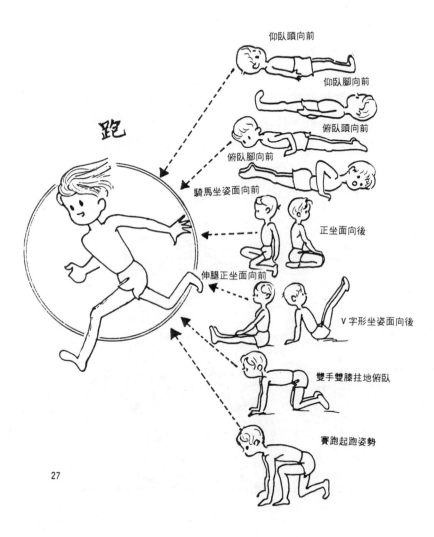

跑

仰臥頭向前

仰臥腳向前

俯臥頭向前

俯臥腳向前

騎馬坐姿面向前

正坐面向後

伸腿正坐面向前

V字形坐姿面向後

雙手雙膝拄地俯臥

賽跑起跑姿勢

27

單腳後轉前行

　　這是朝前步行的運動，但有一個附帶條件是，單腳必須先繞轉在另一隻腳後再朝前踏出。因此，伸出的腳膝蓋若不筆直則無法朝前進，這正是這個運動的目的。這個運動是使膝腳腕帶有伸展性，對於習慣坐姿的日本人是最好的運動。因此，如果身體朝向側邊再踏出腳則失去這個運動的意義。身體必須朝向正面往前進。如果是 5 公尺左右的短距離也可以做競賽。

──精巧性──（小學、中學）圖28

28

旋轉側走

採站立姿勢，雙腳併攏，腳跟儘量抬高呈腳尖站立狀，以腳尖為軸，雙腳跟轉向側邊再落於地面。接著儘量抬起雙腳尖而以腳跟為軸朝同方向的側邊移動。反覆以上的動作而朝側邊移動。可以配合輕快的音樂來練習。

——精巧性——（小學、中學）圖29

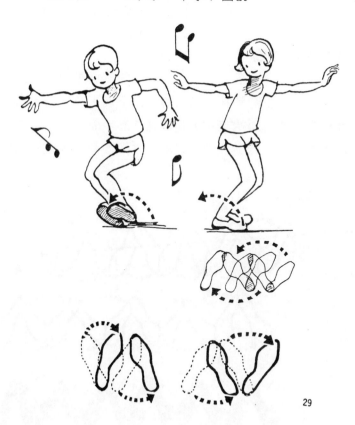

29

30

腳底側向移動

　　讓體重交互置於腳尖及腳跟並往側邊移動。但要領是體重置於左右腳腳跟及腳尖的方式不同。換言之，右腳是體重置於腳尖而抬起腳跟朝側邊移動，而左腳則將體重置於腳跟，抬起腳尖往側邊移動。掌握要領之後即能朝側邊移動。

——精巧性——（中學、高中（女子））圖30、31

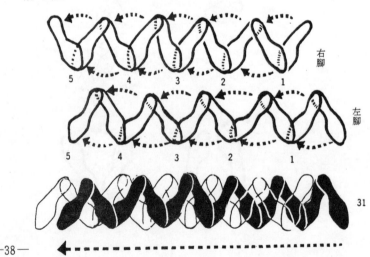

31

芭蕾跳

　　①直立姿勢

　　②跳後雙腳往側邊張開。

　　③跳後張開的雙腳靠攏，再呈交叉狀。

　　④跳後雙腳呈前後交叉。

　　⑤跳後雙腳併攏。

　　規律性地反覆上述的運動。

——精巧性——（中學、高中〔女子〕）圖32

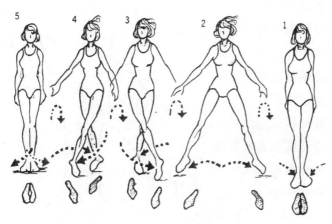

32

從站立姿勢

① 看到什麼地方
② 拍膝蓋
③ 膝蓋頂住下顎
④ 手肘與膝蓋碰觸
⑤ 單腳站立保持平衡
⑥ 單腳蹲立
⑦ 跳高拍膝
⑧ 跳高拍腳底
⑨ 跳高拍腳
⑩ 跳高旋轉（轉向）
⑪ 穿越腳跳
⑫ 手臂繞膝下
⑬ 背後握手
⑭ 抓耳朵
⑮ 碰觸腳背和腳跟
⑯ 碰觸腳跟
⑰ 穿越腳

A　可以看到哪裡呢？

看到什麼地方（前曲運動）

開腳站立，從雙腳尖看後方的樹枝或窗戶的「腳下窺視」是屬於體前曲運動。若要每天持續練習，必須設定開腳的位置。設定開腳位置後而能漸漸看見更高處的景物，乃是表示前曲度日增。相反地，如果將腳的位置漸漸接近所注視的目標，也是同樣的結果。當然，這個運動有其限度，只要看到景物即可。圖A

後　仰

離開肋木或壁面約身高的距離朝後站立，讓上半身往後仰，試驗自己可看見的目標到那個程度。

——柔軟度——（幼稚園、小學、中學、高中）圖B

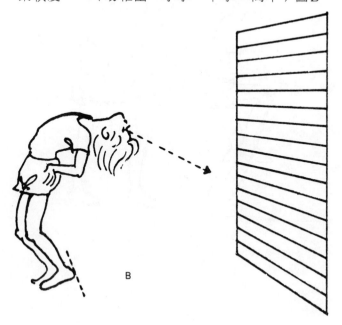

拍膝蓋

　　採站立姿勢，彎曲雙手肘呈直角，上手臂朝前、手掌朝下。手臂及手肘的角度保持原狀後，跳起腳或用踏腳方式使單腳提高而讓膝蓋碰觸手掌。不可將上體前曲或放低腰部位置。重心儘量上移，讓膝蓋抬高到手掌位置。腹肌較弱者，手肘角度要張大直角以上。

——腹肌力——（幼稚園、小學低年級）圖C

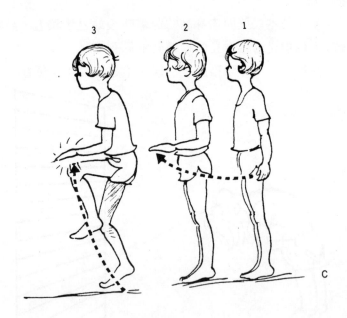

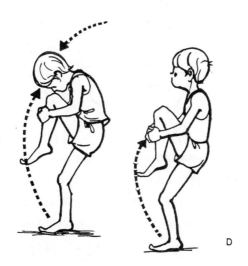

D

膝蓋頂住下顎

　　單腳站立，雙腳抱住另一腳膝蓋。將抱住的膝蓋往上拉以碰觸自己的下顎。碰觸後再碰觸額頭。身體稍微前曲以便使膝蓋頭往上抬高。換腳練習。這是平衡與前曲的運動。

——柔軟性、平衡性——（幼稚園、小學）圖D

手肘與膝蓋碰觸

　　雙手在後頭部交握。保持這個姿勢讓身體扭向側邊再往前彎曲，雙手臂交握在後頭部的位置，讓右（左）肘碰觸左（右）膝蓋。左右交叉練習。掌握要領後儘量保持上體平直而讓膝蓋碰觸手肘。

——柔軟性、平衡感——（幼稚園、小中、高中）圖E

E

單腳站立保持平衡

　　手臂往側邊平伸，重心移至站立的單腳，彎曲另一腳膝蓋抬起大腿。姿勢保持安定後，抬起支撐腳的後腳跟採腳尖站立姿勢。若能保持平衡，則閉上眼試驗自己是否能保持平衡。閉上眼測量自己能保持幾秒的平衡。

——平衡感——（幼稚園、小、中、高中）圖F

F

G

單腳蹲立

①手握住腰部站立，單腳往前舉。

②保持這個姿勢徐緩地彎曲支撐的單腳。

③伸直支撐的單腳，回復原來的姿勢。

④更換支撐腳再練習。

——平衡感、腳力——（①②小學以上、③④高中以上）

圖G

跳高拍膝

雙腳奮力一跳而上，彎曲雙膝。

接著用雙手輕拍膝蓋頭之後，再徐緩地著地。

——瞬發力——（小學）圖H

跳高拍腳底

站在地板上，雙腳用力一蹬往上跳起。跳起而身體架

空時彎曲膝蓋，膝蓋以下往後仰用雙手碰觸腳底。儘量跳高使騰空時間拉長，迅速地用雙手碰觸雙腳底。

——瞬發力、精巧性——（小學、中學）圖Ｉ

跳高拍腳

　　數1、2、3雙腳奮力一跳往上彈起，身體往前曲，用雙手碰觸雙腳尖。這個動作剛開始做非常困難，因此首先跳起後打一下膝蓋頭。當拍得到膝蓋頭之後，接著稍微伸直，雙腳試著拍打腳脛。掌握要領之後再拍打腳尖。

　　這個運動必須有跳躍力及在空中的迅速動作（敏捷性）。即使有強大的跳躍力但缺乏靈敏的動作，在手尚未碰腳之前即已著地，相反地，動作再迅速若騰空時間太少恐怕手無法碰觸到腳部。當然，也需要有相當的調整力。

　　——瞬發力、敏捷性——（小學、中學）圖Ｊ

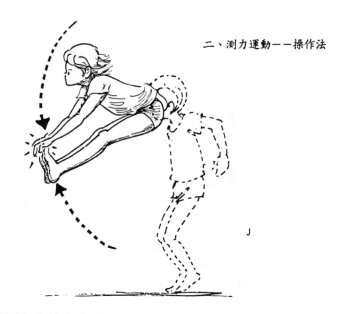

跳高旋轉（轉向）

　　雙腳跳起，在空中改變方向。試著轉向1/2或一圈。

　　身體下沉做跳高的預備動作，跳高時頭部朝向旋轉的方向，以增強轉向的力量。像在彈墊上做大跳躍時，有可能在身體騰空之後再轉向，但這個情況必須在跳躍的過程中製造轉向的機會導入的時機。換言之，必須在跳高的同時扭轉身體。剛開始試著旋轉1/4、3/4，慢慢地加大旋轉的角度。掌握要領之後，用粉筆在地板上畫一個直徑約50公分的圓，試著在圓內做這個運動。

　　——平衡感、瞬發力——（小學、中學）圖K

穿越腳跳

　　從站立姿勢改成用左腳站立，用左手握住右腳腳尖。這時右腳置於左腳之前。被左手握住的右腳呈一個半圓形狀。①這時用右腳彷彿跳繩的要領跳過左腳之上。而左手

測力運動

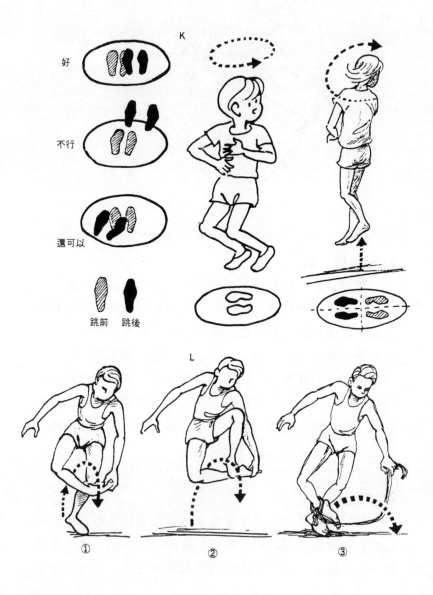

好

不行

還可以

跳前　跳後

K

L

①　②　③

必須緊緊握住右腳。②

做出這個動作後反方向做一次。換言之，朝後方跳躍而過。接著更換支撐腳再練習。

剛開始很難做出這個動作，可先用繩子或毛巾綁在腳腕置於地板上練習跳躍的要領後，再實際做這個動作。③
－－精巧性－－（高中以上）圖 L

手臂繞膝下

①採站立姿勢，接著雙膝蓋外張彎曲呈 O 型腳。再深度前曲將雙手臂的手肘伸入膝蓋後側。

②然後彎曲上手臂，在腳腕之前雙手交握。
－－柔軟性－－（小、中、高中）圖 M

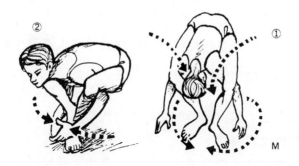

背後握手

如圖所示左（右）手從上、右（左）手從下繞到背後，試試看是否能在背後互碰指頭或左右手交握。

這是測試肩關節及肘關節可動性的方法。

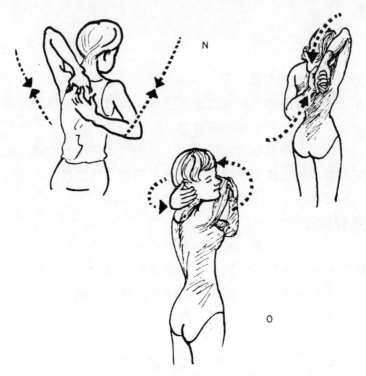

因運動或勞力工作使得肩或背肌過厚的人或天生肩關節太硬的人無法做這個動作，但兒童或女性有多數人駕輕就熟。

總而言之，加大關節的可動性對從事運動或提升作業效率都有極大的幫助。

——柔軟性——（幼稚園、小、中、高中）圖N

抓耳朵

單手伸到下顎，儘量彎曲手肘讓手移到頸項，試試看是否能碰觸到彎曲手臂側的耳朵。

用另一隻手按住彎曲手臂的手肘。更換手臂練習。

——柔軟性——（幼稚園、小、中、高中）圖O

碰觸腳背和腳跟

1、2 的動作是用開腳姿勢站立，身體前曲，用右手輕拍左腳的腳背。抬起身體後，接著用左手輕敲右腳的腳背。

3、4 的動作是和 1、2 的運動相反，首先讓身體倒向後方，同時用右手輕拍左腳的腳跟，抬起身體回復原來的姿勢後，同樣地將身體後傾，用左手輕拍右腳的腳跟。反覆數次練習。

——柔軟性——（幼稚園、小、中、高中）圖P

碰觸腳跟

雙腳微張站立。以這個姿勢彎曲膝蓋讓身體後仰，測試指尖是否能碰觸到後腳跟。

首先，後仰身體拍打自己的臀部。接著碰觸腳後側（大腿二頭肌）。然後再碰觸膝蓋後側、腳脛，最後碰觸後腳跟。或用單手碰觸。首先用右手再用左手，接著用兩手一起碰觸，依序慢慢地讓上半身做深度的後仰，直到能碰觸後腳跟。或者一開始腳幅開大較容易進行這個動作。圖Q

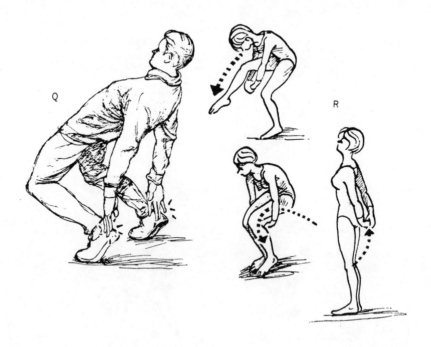

穿越腳

　　雙手在體前交握，採站立姿勢。用左右腳穿過雙手做成的圓圈後，臀部接著穿過手做成的圓圈，再挺直身體回復原先站立的姿勢。

　　其次，反方向左右腳各自穿過手圈，讓交握的手回復到體前。

　　如果辦不到，先拿手巾或毛巾加長，慢慢地縮短手巾或毛巾的長度。

　　這個動作不僅能使身體具備往前彎曲的柔軟性，也能使肩關節軟化。

——柔軟性——（小學、中學、高中）圖R

R

從蹲或坐的姿勢

Ｖ字平衡

1

V字平衡

採長坐姿勢雙手離開地面，雙腳筆直伸展離地，保持
V字姿勢約十秒鐘。

這是有助於平衡感與腹肌強化的運動。

――腹肌、平衡感――（幼稚園、小學、中學）圖1

腕立仰臥抬單腳

①坐在地上雙手置於後方。

②腰部離地用手腳支撐體重。

③單腳儘量往上踢高。保持腰身浮起。換腳練習。

――腹肌、柔軟性――（幼稚園、小學）圖2

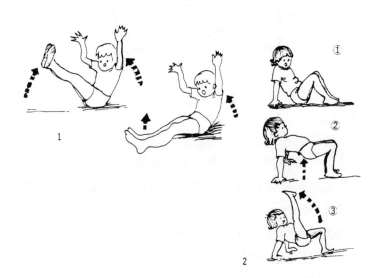

跪膝姿勢的磕頭

採跪膝姿勢，雙手置於身體後方，手指交握。徐緩地讓身體做深度的前曲，讓額頭碰觸體前的地面。這時，交握在身後的雙手往後上方高舉。反覆2、3回。

——平衡感、柔軟性——（幼稚園、小學）圖3

3

轉向起立

①盤腿坐在地上。

②體重置於前方並驟然地站起身來。

③④站起來互用腳尖站著，轉向1/2朝後面站立。轉向時必須充分的抬高後腳跟。

做②的動作時可用手按住地面，但盡可能試著不用手支撐。盤腿坐時的雙腳交叉是右腳在前時呈左轉，左腳在前時呈右轉。

——調整力、精巧性——（幼稚園、小學、中學）圖4

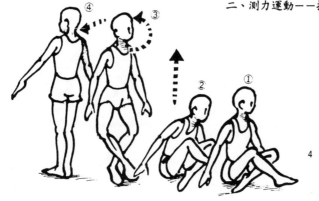

4

腕立橫轉

呈腕立仰臥姿勢。①體重置於單手上，另一隻手離開地面，當體重落於支撐手臂及同側的腳上時轉向½。②變成抬高臀部的腕立伏臥姿勢。③將體重置於另一側的手臂與腳上的同時轉向½。⑤和①一樣採仰臥姿勢。

連續做上述運動。掌握要領後也可試著用開腳、身體伸展的姿勢來練習。

——調整力、精巧性——（幼稚園、小學）圖5

5

倒 V 字拍膝

手置於體前、臀部上揚，體重置於手腳的姿勢稱爲倒 V 字姿勢。伸直手臂及腳做成三角形狀。

手臂置於體前並用力一推使身體浮起，其間迅速地用雙手拍打膝蓋，再回復雙手伏地的姿勢。剛開始單手練習，掌握要領後用雙手做動作。三角形的底邊越寬越難做。因此，首先縮窄手腳之間的距離，讓體重儘量置於腳側以方便練習。然後再將體重慢慢移向手側。

練習①採倒V字姿勢。

②用單腳拍膝。

③雙手往地面壓使雙手離地。

④雙手浮起趁空檔做拍手動作。

實際操作⑤雙手用力推地面，使體重置於雙腳。

⑥用雙手拍膝之後再讓雙手承接體重。剛開始可彎曲膝蓋。

——平衡性、瞬發力——（幼稚園、小學）圖 6

腕立側臥、手腳高舉

①首先採腕立伏臥姿勢。

②接著單手單腳離開地面使身體朝向側面。

③變成單手挺立側臥的姿勢。

④位於上方的手、腳往上高舉以取得平衡。

⑤回復原位，以反方向做這個動作。

——平衡感——（小學、中學）圖 7

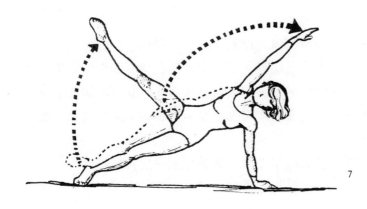

7

跪膝腕立伏臥的平衡

①採跪膝腕立伏臥姿勢。

②左手往前方伸舉，右腳往後平伸以取得平衡。

③徐緩地回復原來的姿勢。

④更換手、腳做同樣的練習。

——平衡感——（小學、中學、高中）圖8

側　坐

以跪膝的姿勢雙手往上高舉。接著腰身落於側邊呈側坐姿勢。利用反彈力挺直腰身，回復原先跪膝的姿勢。接著讓腰身置於相反側。同樣地再回復原先跪膝的姿勢。反覆以上的動作。無法做這個動作者，可將左右稍微墊高（如果鋪彈墊或榻榻米則放坐墊）再練習，掌握要領後試著在平地練習。

會做這個動作之後，雙手往上平伸再練習。

——控制性、體側的運動——（小學、中學、高中〔女子〕）圖9

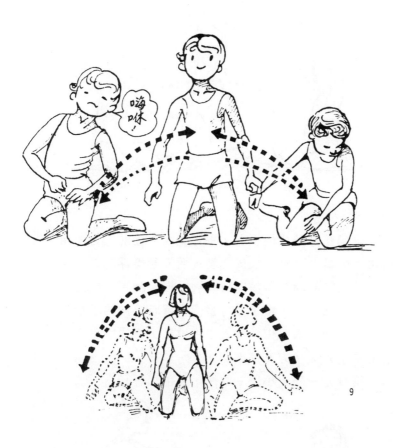

9

坐、跳、站

　　正坐在彈墊或地板上。手臂從後方往前上方甩出，同時用下腿奮力推壓地板或彈墊，而使身體浮起站立。

　　站立的同時試著轉向¼或½。慢慢練習必能達成。

　　這可強化腳、腰，並可習得跳躍時上體的實用法。

　　辦不到的人可借助他人之手拉起，再從中掌握要領。也能由某人從後方支撐體側。

　　——瞬發力——（小學、中學、高中）圖10

10

扛　腳

①坐在地板上，用雙手握住單腳尖。

②身體往前彎曲，頭部往前彎的同時，拉高雙手握住腳的位置。

③抬高腳的位置使其到達前曲的後頭部之後就完成了扛腳的動作。換腳練習。

——柔軟性——（小學、中學、高中）圖11

11

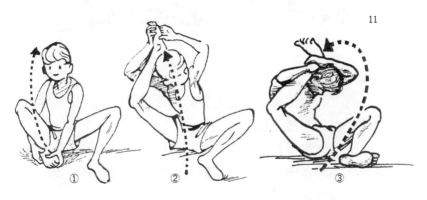

俄羅斯舞步①

手臂交握在前，採蹲立姿勢並將單腳往前伸。體重置於彎曲的支撐腳上，伸直的腳用後腳跟輕觸地板。

接著將體重略爲浮起，同時彎曲伸直的腳往臀側縮，然後將體重置於該腳上，並將原先彎曲的腳往側邊伸直，後腳跟輕觸地板上。

規律性地反覆上述的動作。

——瞬發力、持久力——（小學、中學、高中）圖12

俄羅斯舞步②

蹲立、單腳彎曲，體重置於彎曲的腳上。另一腳伸向側邊，腳跟輕觸地板。

重心略微浮起，彎曲伸直的腳縮向臂後，體重置於該腳上，並將本來彎曲的一腳伸向側邊，腳跟輕觸地板。

規律性地反覆上述動作。

——支撐力——（小學、中學、高中）圖13

盤腿坐腰身浮起

盤腿而坐，雙手置於臀部外側，1、2、3後體重置於雙手臂上，以便臀部離地。臀部離地後試著騰空數1、2、……5。試著不用手掌扶地而用指尖支撐體重。

當體重離地而架空時，慢慢將體重往後方移動，同時將膝蓋靠近胸膛。

——支撐力——（小學、中學、高中）圖14

14

轉陀螺

1、盤腿而坐，用雙手各自握住呈交叉狀的腳尖。（右手握左腳、左手握右腳尖）

2、彎曲背部呈圓弧狀再往後方傾倒。

3、朝左方轉向¼後站起，回復原先盤腿坐的姿勢。

但方向改變¼。接下來做三次同樣的動作，全部做四回之後，即回復原先的姿勢。這個運動和將陀螺側倒使其陀螺的外身著地，再以軸棒為中心繞轉的運動類似，而有「轉陀螺」之稱。

——平衡感、精巧性——（小學、中學）圖15

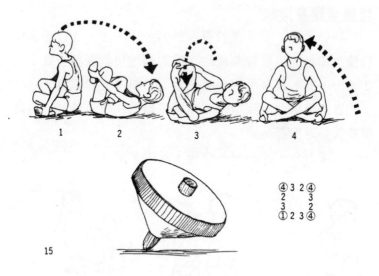

1　　2　　3　　4

15

④ 3 2 ④
2 　　　3
3 　　　2
① 2 3 ④

握單腳站起

　　用單手握住單腳腳腕，奮力站起的運動。這個運動做起來相當困難，因此，剛開始坐在台上或椅上，用騰空的另一隻手推壓抬椅子以便站起，或讓朋友拉著手幫忙。支撐腳（承接體重的腳）盡可能靠近腰側。如圖所示讓另一隻腳伸入支撐腳與手臂之間的動作更加困難。

——控制性、平衡性——（小學、中學）圖16

腕立仰臥的手腳交換

　　①長坐姿勢

　　②雙手置於腰後側，以腕立仰臥的姿勢使腰部浮起地面

　　③右手和左腳離開地面往上高舉。

16

④迅速更換手和腳。（左手和右腳往上舉）
——精巧性、腹肌——（小學、中學）圖17

17

① ② ③ ④

腕立仰臥的換腳、拍腳

　　A.採腕立仰臥姿勢用單腳支撐，另一腳伸直，膝蓋往上高舉。彎曲支撐腳的膝蓋，臀部離地，用支撐腳朝下方踢地，使身體浮起再更換腳。做連續動作彷彿跑步的姿勢。首先讓抬高的腳著地後再抬起支撐腳。接著讓抬高的腳在著地之前即抬高支撐腳，儘量加速雙腳的交替動作。

　　B.和前述動作同樣地採單腳支撐腕立仰臥的姿勢，用支撐腳往地面一蹬使身體浮起，以更換腳的動作騰空做簡單運動之後再回復原先以支撐腳支撐身體的姿勢。更換腳做同樣的動作。

　　C.採彎膝腕立仰臥的姿勢，雙腳同時用力一踢，腰部儘量高舉離開地面。身體騰空之後用雙腳做拍手的動作再迅速地彎曲膝蓋回復原先腕立仰臥姿勢。

——瞬發力、敏捷性、精巧性——（小學（A）、國中（B）高中（C））圖18

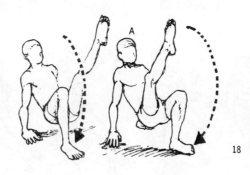

單腳迴旋

　　①站立姿勢

　　②③雙手按在體前呈蹲踞狀

　　④左腳往側邊伸出。

　　⑤左腳從側邊繞到身前。

　　⑥左手往右讓腳通過。

⑦上體體重置於左手臂上，左腳迴旋。抬起右手讓腳通過。

⑧右手著地，體重置於雙手臂上，有如倒立狀浮起腰身，讓左腳往右腳下通過。

規律性地做上述運動，再朝反方向做腳部迴旋動作。

——精巧性——（國中、高中）圖19

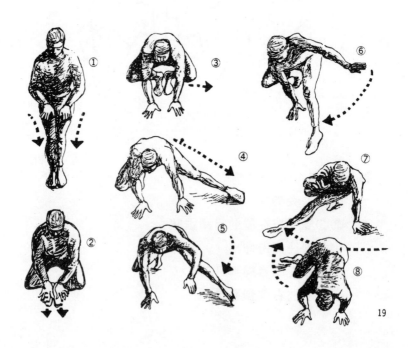

19

從躺臥姿勢

①仰臥抱膝
②仰臥探腿間
③仰臥碰腳尖
④ V字體勢
⑤站起－－跳起
⑥腕立伏臥的運動　　⑧背跳
⑦腕立伏臥的彈跳　　⑨搖籃

仰臥抱膝

　　仰臥在地板上，充分伸展手臂與雙手，鬆弛全身力氣。接著一氣呵成地迅速將雙腳靠近胸前，同時用雙手抱住膝蓋並使身體縮成圓弧狀。

　　這個運動的目的是親身體驗由大變小、由解放變緊張的變化。

　　可自行練習或二人連成一組在一縮一放的指令下，或拍手、打鼓、吹笛的訊號下做伸縮動作。

　　這個運動也有助於強化腹肌、背部肌肉。

——鬆弛、緊張的感覺——（幼稚園、小學）圖A

A

仰臥探腿間

仰臥在地鬆弛全身力氣。一聲吆喝後抬起上半身，同時將雙腳往上舉呈Ｖ字姿勢。從雙腳間探視前方。

這是探視內腿的相反姿勢。上身抬起時可用雙手握住雙腳腕。事先在前方訂定目標，做為探視的標的。或二人

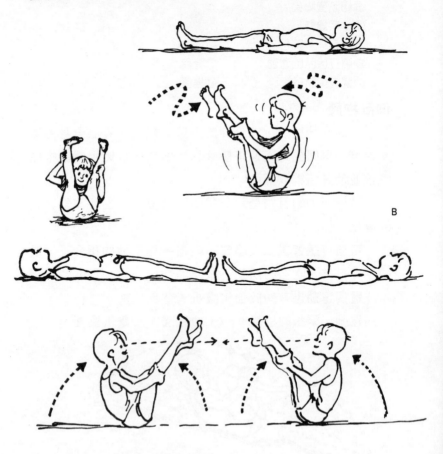

B

以相反方向仰臥在地，在指令下同時站起並互相注視對方的臉孔。

——平衡感——（幼稚園、小學）圖B

仰臥碰腳尖

手臂往上平伸採仰臥姿勢，瞬間地抬起上體，同時雙腳併攏往上舉高，雙手碰觸腳尖。

——瞬發力、腹肌——（小學、中學）圖C

C

V字體勢

仰臥在地上雙手延著地面朝頭頂上方伸展成為胴體的延長。接著一氣呵成地將雙手朝前往體側一揮而下，同時抬起上體、雙腳併攏抬高約45度呈V字形。雙手按住地上支撐上體。

——瞬發力、腹肌——（小學、中學）圖D

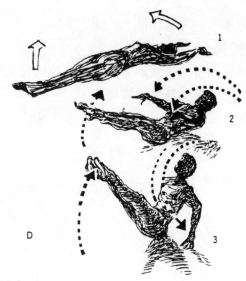

站起——跳起

　　首先採仰臥姿勢。手臂置於體側。上體抬起時彎曲膝蓋並靠近胸前，接著將體重置於雙腳上並往上方跳起。

　　盡可能快速地將上述動作一氣呵成。首先站起之後再做跳起的動作，一旦掌握要領後，在站起的同時也順勢跳起，彷彿連續動作般地來練習。辦不到的人手臂往頭上方高舉，利用雙手臂往體側甩動的反彈力抬起上體或雙腳置於上方，以雙腳落地的反彈力抬起上體。

　　掌握要領後再試驗自己是否能在跳起後於空中轉向¼、½再著地。

——瞬發力、精巧性——（小學、中學）圖E

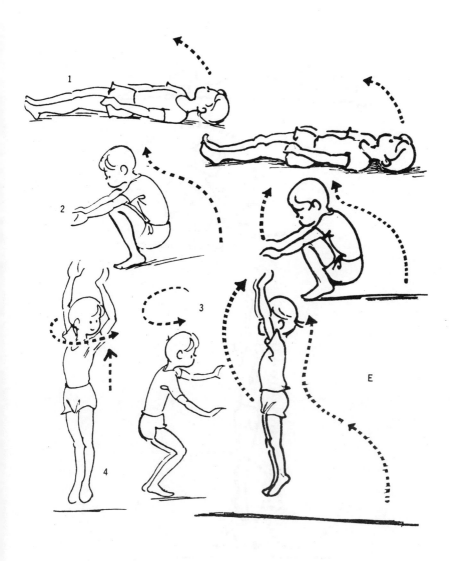

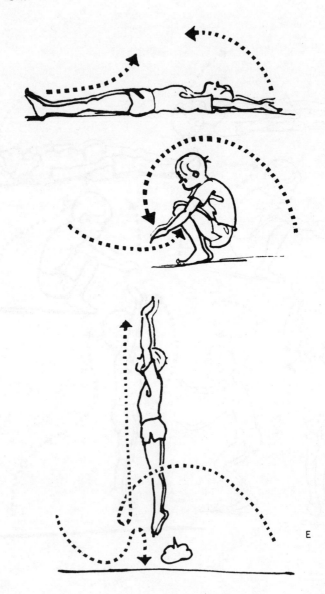

E

腕立伏臥的運動

A.採伏腕立伏臥姿勢，手掌位置不動，體重置於前方並徐緩地將上體往前移動，直到無法忍耐時再回復原位。

B.保持腕立伏臥姿勢，將手掌漸漸往前移動，慢慢拉開手臂與身體間的角度，直到無法忍受時再回復原位。

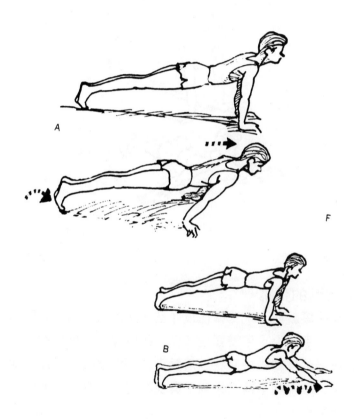

　　C.採腕立伏臥姿勢，手指朝向外側。接著讓手掌位置
慢慢地往外側移動。直到無法忍受的程度再回復原位。
——持久力——（高中以上）圖F

腕立伏臥的彈跳

　　雙手置於前方，雙腳往後伸呈腕立伏臥姿勢。剛開始
體重置於手臂上，用雙腳往地板一踢使腳步離地騰空。

　　接著，雙腳維持原狀，用雙手奮力推地板使上體離地
。最後，腹部朝下落之後雙手與雙腳同時一蹬，試著讓手
腳同時離地。
——瞬發力——（小學、高中）圖G

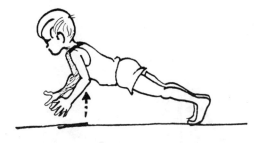

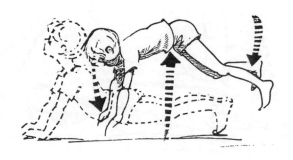

G

背　跳

　　仰臥在坐墊上，雙腳併攏往上高舉，儘量使身體呈ㄑ字角度。此時貼在坐墊上的並非背部整體，而只是背的上部和後腦部。

　　接著瞬發性地雙腳往上彈起，使背部離開彈墊。身體挺直呈背面倒立的姿勢後再突然將身體對折，接著再奮力地伸展。膝蓋平直。

　　騰起的身體朝頭部方向移動。這是最適宜鐵棒或平衡棒的踢高而上的輔助運動。

——瞬發力、精巧性——（中學、高中）圖 H

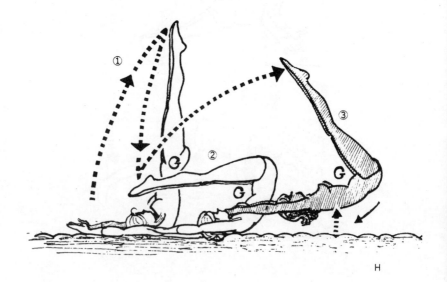

H

搖　籃

伏臥在地，雙手伸向腳側，上身反仰，彎曲膝蓋，用雙手握住雙腳腳腕奮力一拉，使身體呈弓狀反翹。

保持這個姿勢讓身體做前後的搖動。

也可朝左右搖動。

——柔軟性——（中學、高中）圖Ⅰ

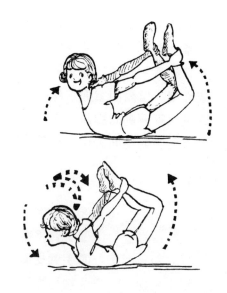

倒立運動

　　倒立的特徵是一反日常頭部在上、腳部在下的姿勢，變成頭部朝下、腳部朝上的反常姿勢。在運動或健康法方面，短時間內保持這個姿勢的平衡感，或異於平常以相反方向，對身體各部份所造成的刺激都有其相當的價值，同時也是最適合測力運動動作。當然，它也是測力運動中最好的項目之一。

　　一反平常腳著地的生活型態，試著讓頭部或手著地可以使浮動的平衡感產生安定。同時使身體各部肌肉為支撐相反的姿勢而全體總動員。剛開始雖然對於重心置於頭部以上會感到不安或恐懼，但藉由掌握這樣的感覺可以導向器械運動或游泳的跳水等運動的膽識。

——身體為支撐體重而碰觸地面的位置稱為「點」。

倒立型的平衡

　　①抬腳平衡
　　②肩倒立
　　③蝸牛
　　④從五點到三點平衡Ⓐ
　　⑤從五點到三點平衡Ⓑ
　　⑥手肘支撐三點倒立Ⓐ
　　⑦手肘支撐三點倒立Ⓑ

　　⑧三點倒立
　　⑨手臂平衡
　　⑩手臂支撐
　　⑪扶地彈腿
　　⑫數數倒立
　　⑬造橋

抬腳平衡

　　採仰臥姿勢，用雙手往下推壓地面並使腰部浮起，雙腳往臉部上舉高。儘量抬高腰部位置以取得平衡。

――平衡感――（幼稚園、小學）圖A

肩倒立

　　採仰臥姿勢，雙腳與腰部高舉，儘量使腰部位置高舉在頭部之上，以後頭部和肩部保持平衡。彎曲手肘手掌置於床上並貼靠在耳側。這也是前轉或後轉的過程姿勢。

――平衡感――（小學）圖B

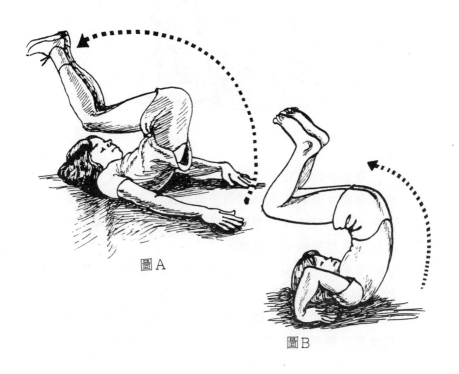

圖A

圖B

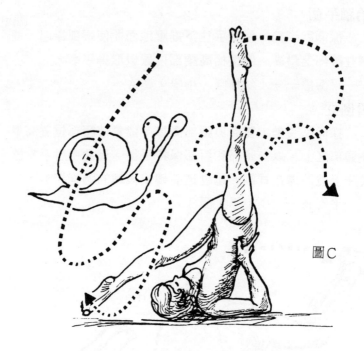

圖C

蝸 牛

彎曲手肘、雙手貼靠腰際，以後頭部和雙肩支撐體重呈背面倒立姿勢。保持這個姿勢而雙腳有如蝸牛觸手一般，徐緩地往前後左右擺動。重點不在於辦得到與否，而是能否製造有如蝸牛的感覺。

——平衡感、表現——（小學、中學）圖C

從五點到三點平衡

①採開腳姿勢，雙手置於體前的地板，頭在兩手間。體重置於雙手、雙腳及落於地面的頭部等五點上以取得平

衡。

　　②接著雙手徐緩離地，以頭和雙腳這三點保持平衡。
——平衡感——（幼稚園、小學）圖E

　　倒立練習必先從減少身體與地板的接觸點開始。雙手
雙腳著地後彎曲，手肘使前頭部著地（五點），其次彎曲
單腳膝蓋置於手肘上方（四點）、接著重心置於雙手與頭
部這三點，慢慢地讓著地的一腳徐緩地離地（三點）
——平衡感——（小學）圖F

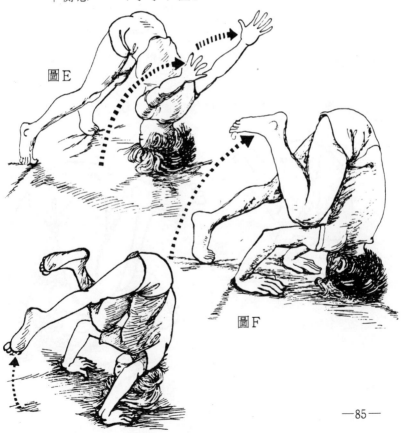

圖E

圖F

手肘支撐三點倒立

假設地板上是一個一邊40公分左右的正三角形（也可實際用粉筆描繪），雙手置於兩邊的兩角上，頭部頂在頂角上，讓落於腳上的體重慢慢地移轉到這三點。

當腳上的體重漸漸往上述三點移動時彎曲膝蓋，使膝蓋置於手肘上。

掌握以手肘為支撐的三點倒立的要領後，接著讓單腳膝蓋稍微偏離手肘，使另一隻腳能自由活動。

——平衡感——（小學、中學）圖G

掌握以手肘支撐三點倒立而另一隻腳自由活動的要領後，讓自由活動的腳徐緩地往上高舉，使其成為胴體的延長。

——平衡感——（小學、中學）圖H　①→②→③→④

圖G

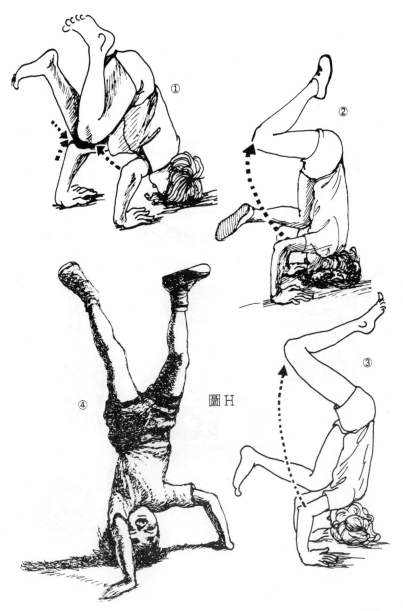

圖H

三點倒立

可以三點倒立呈單腳自由活動的姿勢後，試著練習雙腳自由地活動。以手肘爲支撐的雙膝同時徐緩地試著離開手肘位置。然後將雙腳體重置於腰上，接著緩慢地伸展膝蓋使其成爲胴體的延長。

——平衡感——（小學、中學）圖Ⅰ ①→②→③

①

②

③

圖Ⅰ

手臂平衡

以手爲支撐保持平衡的正統倒立練習，是培養體重置於雙手上的感覺，及頭部朝下取得平衡的要領，訓練手臂、肩、腹肌及背肌以支撐體重的力量。因此，手平衡乃是其中的練習之一。雙手置於體前，當體重漸漸移向手臂的同時抬起單腳朝上，使其成爲胴體的延長。接著以支撐腳踢地板，利用其反彈力與抬起的一腳交換位置。如此反覆數回，儘可能在空中交換位置，並留意拉長雙腳騰空的時間。(A) 採倒 V 字姿勢，單腳朝後上舉，成爲胴體的延長。

圖 J

(B) 抬起的單腳往上彈動以製造反彈力，再趁機讓支撐在地面的腳離地騰空，儘量拉長體重置於雙手的時間。
――平衡感――（幼稚園、小學、中學）圖 J→J′

手臂支撐（支撐力）

　　與垂懸力正好相反地，以手臂支撐體重運動中最具代表的就是倒立。倒立也是一種高度的平衡運動。它是從匍匐姿勢提起單手、單腳再漸漸高舉其動作的運動。

——平衡感、支撐力——（幼稚園、小學、）圖K

圖K

扶地彈腿

這是非常簡單的運動，但根據作法也是難度極高、重要的運動。採站立姿勢雙手置於體前地面，用腳輕輕一蹬，試著使雙腳離地。最重要的是必須讓體重確實落在置於前側的手上。平常生活中鮮少讓體重置於雙手上，因此，在雙腳用力一蹬之前，雙手可能因支撐不住而彎曲，所以，剛開始動作做小一點，掌握要領之後再加大動作。圖 L

①←②→③→④

圖 L

①單腳一踢使腰部浮起。身體保持平直、抬高臀部。

②置於前方地板的手臂最好和地面呈直角狀。肩膀往前伸可能使手臂一彎而造成臉面撞到地面或地板的危險。但肩膀若縮向身前則無法支撐體重。

③掌握要領後，漸漸讓腰的位置提高到頭上。

④這是強化手臂、肩膀並發展為倒立的運動。

——平衡感、精巧性、支撐力——（小學、中學）圖L

數數倒立

單腳一蹬使雙腳離地抬高，體重置於雙手，儘量拉長雙腳騰空的時間。自己數 1、2、3、4 或讓朋友在旁數數。雙腳騰空時會造成移動並無妨，但盡可能拉長雙腳騰空的時間。

——平衡感——（小學）圖M

圖M

造　橋

①仰臥、彎膝且彎手肘，雙掌置於耳側，身體反翹使腰背浮起。這時可讓輔助者扶住腰部往上拉做成拱橋狀。

②仰臥、彎曲膝蓋使腳底確實著地。彎曲手肘讓雙手著地於耳側。接著伸展手肘及膝蓋讓身體反翹成拱橋狀。

③呈倒立狀，接著反仰身體並落下肩膀，雙腳朝左右張開並彎曲膝蓋使身體倒向前方，腳底著地後做拱橋狀。

－－柔軟性、平衡感－－（小學、中學）圖N

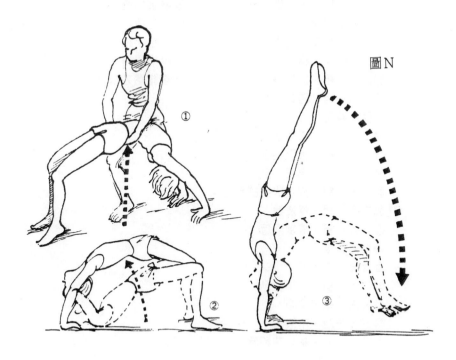

圖N

團體練習

①從盤腿坐姿勢站起來
②站、蹲
③馬和貓 ②四人一組、飛機
④二人一組拉手平衡
⑤二人一組側轉
⑥二人一組、人力車（Ａ）
⑦二人一組、人力車（Ｂ）
⑧背靠背站起
⑨二人一組交互跳高
⑩二人一組、跳過脚
⑪二人一組、拉起身
⑫二人一組、跨越手臂
⑬碰膝跳起
⑭二人一組、脚跳過
⑮二人一組、伏臥拍手
⑯二人一組、穿過、跳過
⑰二人一組、腕立伏臥的手拉手
⑱二人一組、凌波舞
⑲二人一組、匍匐而行
⑳均力較量
㉑握脚倒立步行
㉒二人一組、水平伏臥
㉓三人一組、風車
㉔三人一組、木製人
㉕三人一組、牽牛花和扇子

㉖三人一組、均力較量
㉗三人一組、仰躺步走
㉘四人一組、飛機
㉙四人一組、風車
㉚六人一組、木頭人
㉛並排跳
㉜8字行進
㉝繞蛇行
㉞手拉手跑步
㉟繞旋渦轉
㊱團體均力較量

從盤腿坐姿勢站起來

　　兩腿交叉的坐姿稱爲「盤腿坐」，它也是體操的基本坐法之一。

　　這是從盤腿姿勢驟然地站起的運動。一般是用手按地起身，但此運動不用手，而是手臂平伸奮力站起。剛開始可先用單手按地。可做出此動作後，將重心置於前方利用上體的反彈力站起。或如圖示由他人從後輔助，藉其手的拉力而起。採盤腿坐時，若是右腳在前的交叉姿勢可向左轉；左腳在前則可向右轉。站起的同時，抬起腳跟即自然轉半圈。

輔助站立轉向的方法如下：

輔助者在盤腿坐的練習者背後手臂交叉（與練習者的手臂交叉狀相反）握住其手，拉起其手的同時解開手臂的交叉，即與輔助者相對而立。

——控制性——（幼稚園、小學）圖1

1

站、蹲

「立正」「稍息」是迅速對外部刺激做反應的運動指令。當然，也可以用「龜」「兔」等指令。譬如，聽到：「兔、兔、龜」「龜、兔、兔、兔、龜」時依指令迅速做動作。而做這些動作可訂下規矩，如做錯者或反應較慢者必須被罰青蛙跳或學貓叫等不傷大雅的體罰。掌握要領之後也可利用笛子（立正）鼓聲（蹲下）做指令。以視覺為號令時則可使用紅布（站立）、白旗（蹲下）來代用。

——對耳目刺激的反應——（小學、中學）圖 2

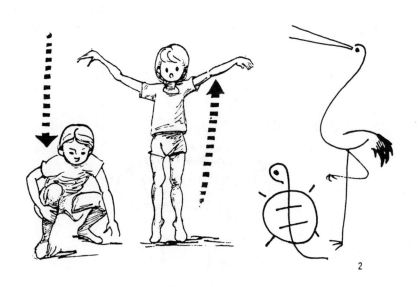

2

馬和貓

A和B以跪膝腕立伏臥的姿勢對峙。

首先由A發號指令說：「貓」並立即做成拱起背部的貓狀。而B則相反地將背部下彎呈馬狀。如果在A的指令下B也呈「貓」模樣，拱起背部即落敗，交換練習。也可以反覆同樣的動作。

——對耳朵刺激的反應——（小學、中學）圖3

二人一組拉手平衡

①ⒶⒷ二人相對站立，互拉雙手。二人腳尖互碰。彼

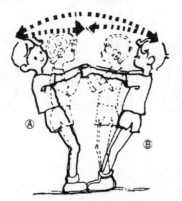

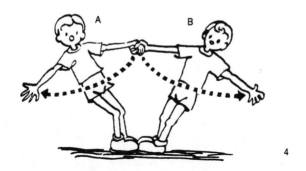

4

保持平衡並互拉雙手，依指令做身體靠近、分離的動作。

　②二人分開單手使雙方的身體儘量的遠離，身體朝側邊張開，使身體斜向傾倒以取得平衡。

——協調性、平衡感——（幼稚園、小學）圖 4

二人一組側轉

　二人對面而立，手握手。數 1 、 2 、 3 後雙手往側邊

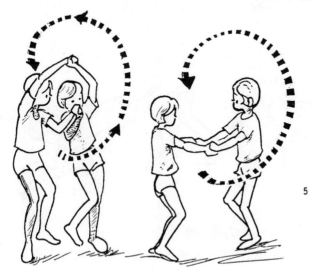

5

甩開的同時讓手臂朝上方繞轉一圈再回復原位。

　　彼此配合步調、注視對方的眼睛，反仰身體並凝視著對方的眼睛旋轉時動作會加大。

——控制性、平衡感——（幼稚園、小學）圖5

二人一組、人力車(A)

　　一人採腕立伏臥姿勢，另一人朝同一方向雙手從背後握住伏臥者的雙腳。同時，配合著伏臥者用手臂往前走的腳步。前進5～6公尺之後交換位置。途中可放小障礙物或手臂力道較強的孩子可用手臂跳過障礙物。人力車可用手推方式或拉的方式。拉車方式最好用腕立仰臥姿勢。

——協調性、手臂、腹肌——（幼稚園、小學）圖6

6

二人一組、人力車(B)

　　一人採腕立伏臥姿勢，另一人朝向同一方向站在後方

，用雙手扶住伏臥者的雙腳置於體側。同時，配合伏臥者用手臂步行的腳步。前進5、6公尺左右交換位置。

　　途中可置障礙物，或手臂力道較強的孩子可用手臂跳過障礙物。

　　人力車有推車及拉車。拉車時最好採腕立仰臥姿勢。
——協調性——（中學）圖7

7

背靠背站起來

　　二人背靠背坐在地上，彎曲膝蓋。二人彼此配合數1、2、3背部倒向對方並挺直膝蓋站起身來。剛開始可手臂交握，掌握要領後如圖所示，手臂分離而只碰觸背部上方試著站立起來。反覆練習數次。——協調性、平衡感——（小學、中學）圖8

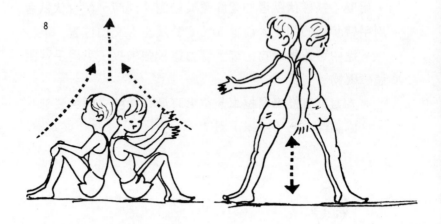

二人一組交互跳高

A和B相對而站。B將手置於A的肩上，A扶住B的腰（腰帶線）數1、2、3後A和B輕輕地彎曲膝蓋。在4的指令下B將A的肩膀往下壓的同時盡可能往上跳起。而A則略微靠近B，並用雙手支撐B的身體朝上扶住，盡可能使其架空的時間拉長。A和B交換位置練習。這個運動可培養手臂上身的力量與跳躍力。

——協調性、支撐力——（小學、中學）圖9

二人一組、跳過腳

二人相對站立，彼此手握手。一人將單腳往前伸出，用伸出的腳在地板上朝左右搖晃。另一人輕快地跳起避免碰觸其腳。練習數回之後交換位置。

——協調性、跳躍力——（小學、中學）圖10

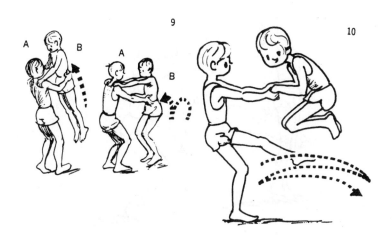

二人一組、拉起身

　　Ａ仰握立膝、手臂高舉在上。Ｂ站在Ａ的頭後方握住Ａ的手，然後用力朝上前方拉起。

　　Ａ和Ｂ配合步調並呼吸一致。Ａ必須留意從膝蓋的位置站起身來。而Ｂ不要將Ａ的手拉向自己身側，儘量往前方拉起。

　　——協調性、控制性——（小學、中學、高中）圖11

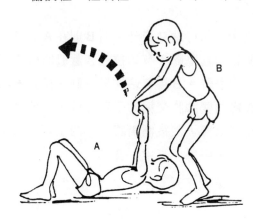

11

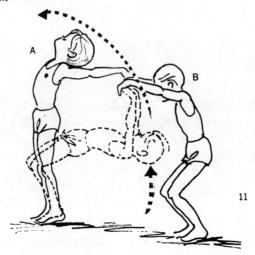

測力運動

二人一組、跨越手臂

①Ⓐ和Ⓑ二人相對站立，如握手狀單手交握。Ⓑ用單腳舉高跨過所交握的手，跨越落地之後另一腳也跨過握住的手臂。

②這時手臂會扭轉，但不必鬆開交握的手，只需轉向自己即可矯正扭曲。

——協調性、精巧性——（小學、中學）圖12

碰膝、跳起

A將手臂往前伸，保持站立姿勢。而B則在A的身側轉向¼站立。接著B抬起單腳，有如拉起膝蓋般的跳躍起來讓膝蓋頭碰觸A的手臂。B接著站在另一側，換腳做同樣的動作。首先A彎曲雙膝將交握的手臂放低，以便B的膝蓋能輕鬆地碰觸到手臂，然後漸漸將交握的手臂位置抬高。——瞬發力——（中學、高中）圖13

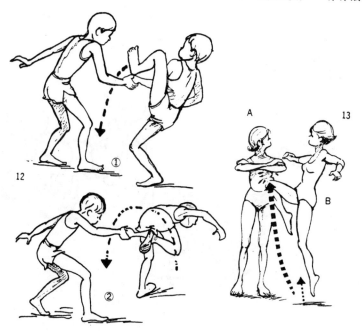

二人一組、腳跳過

①Ⓐ採閉腳長坐姿勢。Ⓑ面向Ⓐ的方向站在其腳側。用雙腳跳過Ⓐ的腳。

②Ⓐ採長坐閉腳姿勢，Ⓑ跨過其腳站立。在指令下Ⓐ張開雙腳，Ⓑ一跳而過著於Ⓐ的雙腳內。Ⓐ和Ⓑ做反方向的雙腳開合，彼此配合做連續的跳躍動作。

——協調性——（幼稚園、小學）圖14

二人一組、伏臥拍手

Ⓑ採開腳腕立伏臥姿勢。Ⓐ用雙手握住呈開腳狀的Ⓑ的雙腳於體側。在指令下Ⓐ用力抬起Ⓑ的上體使其騰空。

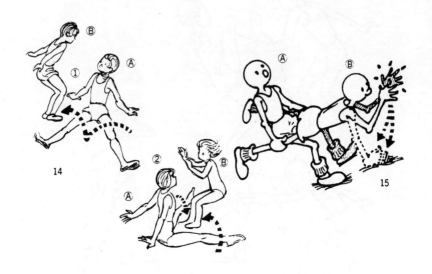

14

15

Ⓑ也配合著用雙手奮力推，使上體浮起，當上體騰空時做
拍手動作。

——協調性、腹肌、支撐力、瞬發力——（中學、高中）
圖15

二人一組、穿過、跳過

　　①Ⓐ將雙手落於體前的地面呈倒V字型。Ⓑ將手置於
Ⓐ所做成的倒V字體勢的腰上，用開腳跳過。

　　②跳躍而過的Ⓑ再穿過Ⓐ所做成的倒V字體勢的腹下
，然後再迅速跳躍而過。反覆數次之後交換練習。

——協調性、控制——（小學、中學）圖16

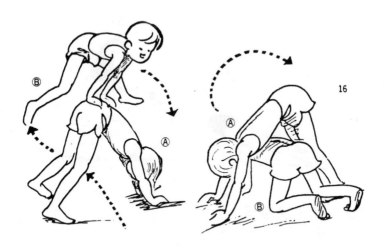

二人一組、腕立伏臥的手拉手

　　①Ⓐ採腕立伏臥姿勢，Ⓑ站在Ⓐ的面前，伸出手做預備動作。

　　②Ⓐ讓自己的手臂做彈性的反動，用力下壓地面使身體浮起，然後握住Ⓑ所伸出的雙手。剛開始Ⓑ將手儘量放低，待掌握要領之後漸漸地抬高雙手的位置。

――瞬發力、協調性――（中學、高中）圖17

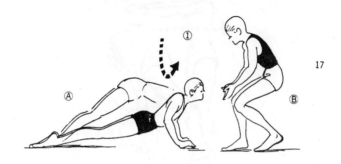

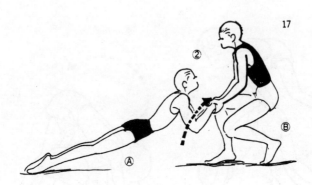

二人一組、凌波舞

　　Ⓐ保持站立、雙手往前平伸。

　　Ⓑ讓上體後仰穿過Ⓐ的雙手下。

　　Ⓐ故意彎曲膝蓋或將手臂放低以加高難度。而Ⓑ一邊走一邊後仰身體。

　　Ⓐ和Ⓑ交換位置練習。

　　——柔軟性——（小學、中學、高中）圖18

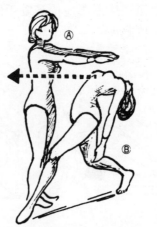

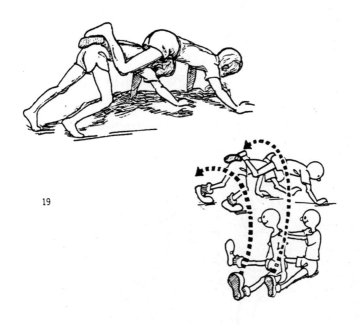

19

二人一組、匍匐而行

①首先一人採取匍匐姿勢，另一人將雙腳跨在前者的胴體上，雙手往前伸出，朝同方向呈匍匐狀，二人一聲令下配合著往前步行。

②二人朝同方向拉近前後距離，採開腳長坐姿勢。一聲令下同時朝同方向轉1/2並呈匍匐姿勢。這時後者將腳架在前者的胴體上。掌握要領後可數人一起練習。

——協調性、控制性——（小學、中學、高中）圖19

均力較量

二人面對面站立，用手掌推壓對方使對方失去平衡。如果移動腳的位置則落敗。

故意拉近或遠離彼此的距離。

——平衡感、控制性——（幼稚園、小學）圖20

20

握腳倒立步行

　　①Ⓐ和Ⓑ相隔約 1 公尺的距離，面對面站立。

　　②Ⓐ呈倒立狀，Ⓑ握住Ⓐ的腳支撐其倒立姿勢。

　　③呈倒立的Ⓐ用手往前進，而手則握住Ⓑ的腳背。

　　④Ⓐ和Ⓑ一聲令下，彼此配合著往前或往後移動。移動 1 公尺左右交換位置練習。

──協調性、持久力──（中學、高中）圖21

21

二人一組、水平伏臥

　　Ａ：①採站立姿勢，②在①的身前朝同方向採長坐姿勢，彎曲手臂握住①的手。

　　Ｂ：①將雙腳略微朝左右張開，讓雙腿承受②的體重並使體重往後方移。②彎曲手臂讓背部上方靠在①的大腿上，腹肌緊縮。

　　Ｃ：①奮力拉住②的身體呈水平狀後倒，並取得平衡。②彎曲手臂緊縮腹肌使身體浮起呈水平狀。

——協調性、平衡感、支撐力——（中學、高中體操部）

圖22

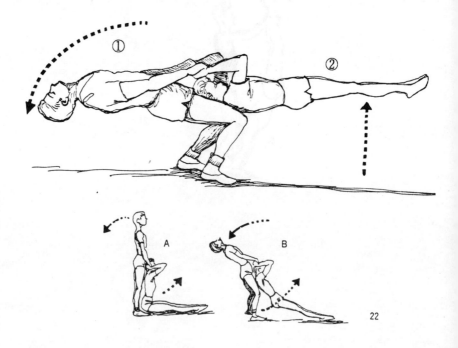

三人一組、風車

①：A和C面對面手拉手。B坐在其二人的手間呈仰臥狀。

A和C抬起B繞圓打轉。交換位置做同樣的動作。

②：A和C面對面手拉手。B以伏臥狀態乘在其手臂上。A和C抬起B繞圓旋轉。不要惡作劇而將B摔落在地。

——協調性、控制性——（小學、中學）圖23

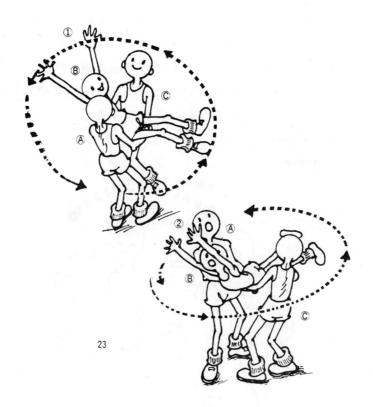

23

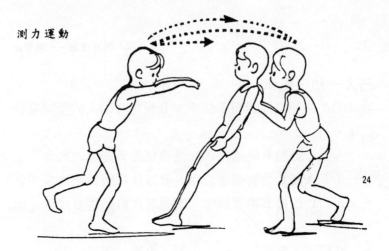

24

三人一組、木製人

二人面對站立，中間夾住一個朝向正面的人。雙腳往前後張開做預備動作。中間者彷彿木頭人或布娃娃般地讓身體朝左右傾倒。兩側的二人用雙手確實穩住傾倒而來的中間者，再用力推向站在另側者的手上。依序交換練習。

其次，中間者轉向¼朝前後傾倒。承受其前倒而來者必須輕柔而寬大地穩住。

——協調性、控制性——（小學、中學）圖24

24

三人一組、牽牛花和扇子

　　①三人面對面站立，手拉手呈一個圓圈。三人的腳尖互碰，握住手一起放低腰身坐在地上。

　　②一聲令下三人一起站立，手臂充分伸張，身體後仰有如牽牛花開的模樣。

　　③同樣地在一聲令下Ｂ和Ｃ鬆開手，面向Ａ，三人並列地轉向，彎曲外側膝蓋做成扇子狀。

　　——協調性、平衡感——（小學、中學）圖25

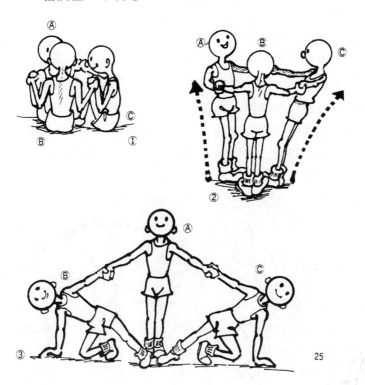

26

三人一組、均力較量

①三人朝內手拉手做成圓圈。

②雙腳左右打開，站定後不要移動位置。

③彼此拉扯或推壓交握的手，以破壞對方的身體平衡。

——平衡感——（小學、中學）圖26

三人一組、仰躺步走

A和C用雙手握住位於中央的B的手。首先用單手依握手方式握住，另一隻手握住其手腕。站在中央被握住手的B，上體有如木棒平直地往後傾倒，全身體重由A和C支撐。然後往前或後步走。A和C順著B的方向步走。

掌握要領後改成跑步。交換位置練習。這個運動有助於強化手臂、腹肌。

——協調性、腹肌——（小學、中學、高中）圖27

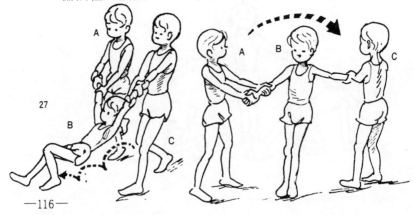

四人一組、飛機

　　三人並排成一列，位於中央的人左右手由站在外側的人握住。站在外側的人伸出內側的手穿過所握的手間彼此握住。所握的手正好置於中間者的腹部（約重心位置）。另一人蹲在中央者的後方，用手穩住其腳腕。以上是起飛前的姿勢。

　　接著在指令下站在中間者將身體往前倒，使上體躺臥在外側兩人交握的手臂上。位於中央者後方的一人，用雙手扶住中央者的腳腕並抬起準備出發。剛開始慢步走，當掌握要領後跑步走。中央者必須緊縮背肌讓身體反翹。

　　走路時的姿勢非常重要，首先站在後方扶住中央者腳

28

腕的一人，要先讓中央者的雙腳著地後兩側者才能鬆手。
事先決定通過那些地方再著陸，或繞過那些地方而回再出
發。彼此交換位置練習。

——平衡感、控制性——（小學、中學）圖28

四人一組、風車

①假設有Ａ、Ｂ、Ｃ、Ｄ四人。Ｂ和Ｃ站在中央，繞
轉Ａ和Ｄ。（排列法）Ａ和Ｂ、Ｃ和Ｄ面向相反方向。Ａ
和Ｃ、Ｂ和Ｄ都握住內側的手腕連成一起。然後Ｂ和Ｃ用
肩扛起Ａ和Ｄ的手。並用外側的手抱住Ａ和Ｄ的身側。

②組合完畢之後以四人的中心為圓心，Ａ和Ｂ、Ｃ和
Ｄ朝相反方向小步跑。產生速度之後一聲令下Ａ和Ｄ同時
雙腳離地，有如風車的葉片儘量朝外做大幅度的旋轉。

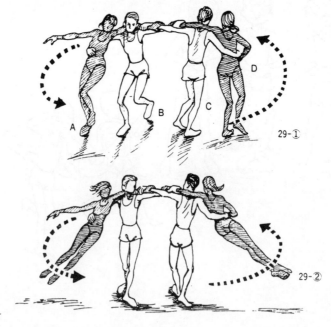

29-①

29-②

旋轉完畢後鬆開手,各自在原地朝相反方向旋轉則可抑止目眩感。

——協調性、控制性——(高中以上)圖29——①②

六人一組、木頭人

有A、B、C、D、E、F六人。AB、EF等四人當做木頭人,以CD二人為中心朝左右交互傾倒的運動。

①組合法

C和D站在中央面對而立,彼此紮實地握住對方的手腕。A和B、E和F各自背靠背地站立,A和F將手繞向後方,A從背後用雙手抱住B,F從後背後雙手抱住E。B和E面對面,雙手交叉交握置於C和D的雙臂上。

②運動

A、B、E、F的木頭人在指令下朝同一方向傾倒。

C和D雙腳往左右頂住,用雙臂承接木頭人,使其徐緩地

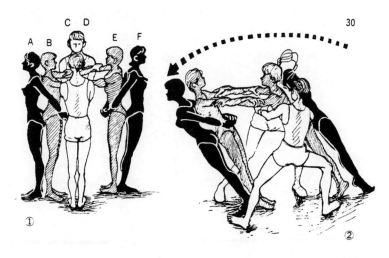

30

朝相反方向傾倒。

　③ＡＢ、ＥＦ四個木頭人必須隨時保持直立不動的姿勢。連續做這個運動數回之後各自交換位置再練習。

——協調性——（高中以上）圖30

並排跳

　四、五人縱向排成一列，雙手各自搭在前者的肩上。在一聲指令下原地一起跳躍。當大家能齊步跳之後試著往前進。然後再試著朝左右跳或交互鋸齒跳。

——協調性、跳躍力——（小學、中學、高中）圖31

31

8字行進

一群人縱向排成一列，以 8 字形做為前進的方向。在地板上寫個 8 字（或假設地上有個 8 字形）從上走過。在中央交叉時先讓其中一人通過再依序通過。

不要兩人一起通過或讓兩人通過。必須隨時保持一個個交互通過的順暢性。掌握要領後試著慢步跑。慢步跑的動作也掌控自如後，在交叉時提高速度成行跑過。這是揣測對方速度，捷足先登的練習。

依同樣的要領二人聯手做 8 字行進。

——運動捷足先登、協調性——（小學、中學）圖32

32

32

繞蛇行

十個人或更多的朋友彼此手握手排成一列。站在前頭的一人朝向背後呈鋸齒狀，穿過彼此交握的手下直到最後。大家手連手試試看能否穿得過。

①欲速則不達，前頭儘量做大幅度的繞轉（加大鋸齒狀）。

33

②接在後頭的人必須等候輪到自己扭身的時候再跟著扭身。率先扭身者通常身體已成扭曲狀。

③首先用步行，步行成功再試著輕快地跑步。

④帶頭者交換再練習。

——協調性、控制性——（小學、中學）圖33

手拉手跑步

世間有許多可以奔跑的動物，但唯獨人類可以手拉著手跑步。

縱向排成一列，前後手拉手。大家在指令下跟著帶頭者步走。能夠一起步走後再改成跑步。

掌握要領後帶頭走不只以直線跑步也試著繞圓或弧形或蛇形跑。「手牽手」和握手一樣是親密感情或意志溝通的形式，它是人類擁有集團意識最貼切的形式。而且，彼

34

此保護且跟隨帶頭走前進的行動乃是團體中做傳達的具體行動的初步、原形。

——協調性——（幼稚園、小學（低年級））圖34

繞旋渦轉

①一群人手拉著手跑。前頭者跟在最後者的內側跑，做成漩渦狀，然後使漩渦漸漸變小。當漩渦變得最小時轉向½，解開漩渦的形式回復原狀。

②和①同樣地輕步跑做成漩渦狀，直到帶頭者動彈不得時由帶頭者發號：「坐下」的指令，全體蹲著。接著再根據前頭者「出發」的指令，由前頭者首先站起，跨過側邊聯手形成的柵欄走出漩渦外，同樣地手拉著手跑出。

③和前述兩個方法同樣地做成圓狀。當帶頭者無法前進而動彈不得時，帶頭者朝向漩渦外做出：「拱橋」的指令。全體聽到指令後將原本手拉手的雙手往上舉高做成拱

35-①

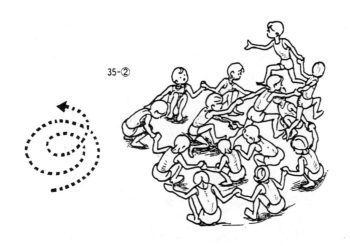

35-②

橋狀。大家在前頭者的帶領下依序穿過拱橋而出。

——協調性——（小學、中學）圖35——①②

團體均力較量

①十人左右手拉手圍成圓圈。彼此雙腳往左右張開，穩住腳部位置交互做推壓、拉扯使對方失去平衡的動作。

②移動者必須離開，因而圓圈的人數越來越少。

③最後若剩下Ⓐ Ⓑ二人，彼此單手交握做總決賽。

④Ⓐ和Ⓑ面對面，雙腳朝前後張開，做成握手狀，決定腳部位置後準備決戰。手的握法可用右手右手或左手右手的方式。彼此手不離手前後對峙互往右拉、壓以破壞對方的平衡感，腳部移動者則落敗。

——平衡性、控制性——（小學、國中、高中）圖36

36

36

利用手具或器具

①繞球
②脚投球、腹部接球
③拍手接球
④投球、轉一圈
⑤彈球再接球
⑥前翻滾接球
⑦接投高的球
⑧隧道球
⑨仰臥傳球
⑩膝下取球
⑪背部接球
⑫腹部頂球
⑬背部頂球、頭部頂球
⑭彈球接球ＡＢ
⑮地上拍球
⑯皮圈和球（Ａ）（Ｂ）
⑰上下傳球
⑱脚趾抓繩
⑲碰膝碰脚
⑳利用繩子的均力較量
㉑取帽（Ａ）、從脚下戴帽（Ｂ）
㉒利用斜面的½轉向
㉓台上反翹身體（Ａ）、腹支撐平均運動（Ｂ）
㉔將毛巾掛在椅背上
㉕單脚站立

㉖臀部跳
㉗瀨戶大橋
㉘穿棒運動

繞　球

①將球從右到左、從左到右繞轉體側。

②邊走邊繞。

③跟著球繞轉的方向旋轉。

④朝球繞轉的相反方向旋轉。

⑤在腳邊繞球。

——精巧性、調整力——（幼稚園、小學）圖1

腳投球

①坐在地上用腳夾住球。身體倒向後方並用腳將所夾住的球投向身體後方。

腹部接球

②採腕立仰臥姿勢，將球置於腹上，朝前或後步走且避免球落地。——調整力——（幼稚園、小學）圖2

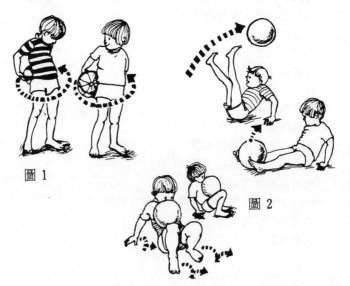

圖1

圖2

拍手接球

用雙手握住球用力往上投，當球騰空時盡可能多拍幾次手再接球。

——調整力、精巧性——（幼稚園、小學）圖 3

投球、轉一圈

用雙手將球往上投，在原地繞轉一圈後再接球。

——調整力、精巧性——（小學）圖 4

圖 4

圖 3

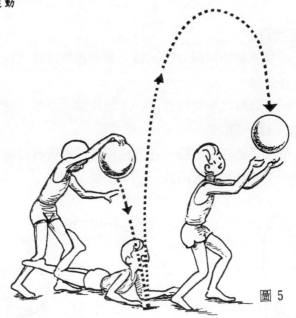

圖 5

彈球再接球

　　首先用力將球丟在地上。在球反彈回來的過程中迅速
匍匐在地並站起身來用雙手接住球。

　　——敏捷、精巧性——（小學、中學）圖 5

前滾翻接球

　　用力將球投向前上方。當投高的球落地之前迅速地前
滾翻之後再接球。

　　將球投高之後先蹲下來用雙手拍打地面再接球。習慣
之後再前轉翻等候接球。前轉翻之後迅速接球的敏捷性極
為重要。

　　——敏捷性、精巧性——（小學、中學）圖 6

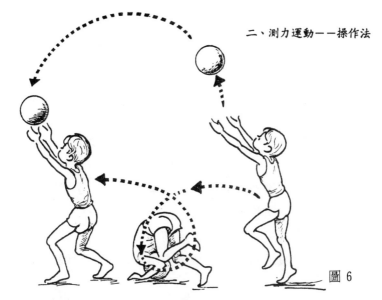

圖 6

接投高的球

用雙手將球往上（或偏前方）投高。球落地之前將以下的動作做完之後再接球。

Ⓐ蹲下用雙手拍地之後

圖 7

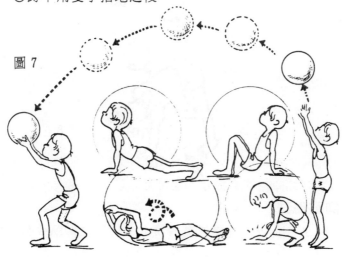

Ⓑ蹲下臀部著地之後

Ⓒ蹲下呈腕立伏臥姿勢之後

Ⓓ躺臥在地側轉一圈之後

——精巧性、敏捷性——（小學、中學）圖7

隧道球

①將胸和腹部貼靠在地板上呈伏臥狀，手臂置於胸側。讓他人從側面將球丟向腰際。

②當球逼近身體時腹身抬高使腹部離地，做成倒V字體型讓球從腹下通過。然後慢慢增加球速。時機最重要。圖8

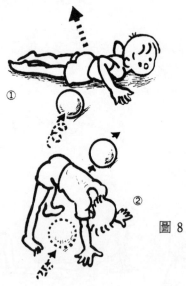

圖 8

仰臥傳球

Ａ、仰臥在地將球置於腹上，採腕立仰臥姿勢。利用

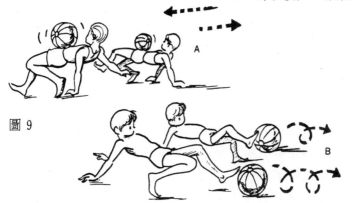

圖9

手臂和腳往前後（腳側、頭側）步走。也可做競賽。

　　B、採腕立仰臥姿勢，將球置於腳側，用單腳踢球往前進。可以事先設定目標或方向、場所，不侷限於前方。也可做接力賽跑。

——調整力、腹肌——（小學、中學、高中）圖9

膝下取球

　　①採前後開腳蹲立姿勢。將與踏出腳同側的手臂伸入所踏出腳的膝蓋下，撿拾腳側的球。

　　②採左右開腳蹲立姿勢，將與腳同側的手伸入膝下撿拾腳前方的球。

　　③採左右開腳姿勢，身體儘量往前曲，用同側的手臂

圖10

通過膝下撿拾腳邊的球。試著撿拾漸漸偏離腳側的球。腳的位置不可移動。——柔軟性、調整力——（中學）圖10

背部接球

①Ⓐ採跪膝腕立伏臥姿勢，有如馬一般反仰背部。Ⓑ將球朝Ⓐ的背上丟下。（可彼此做暗號）

②Ⓐ在Ⓑ投球於背上的瞬間將背部有如貓背一樣拱起，使球反彈回去。

練習數回之後Ⓐ和Ⓑ交換位置。這個運動可訓練眼和手的協調性及眼和背的協調性。

——肌神經的協調性、背肌力——（中學、高中）圖11

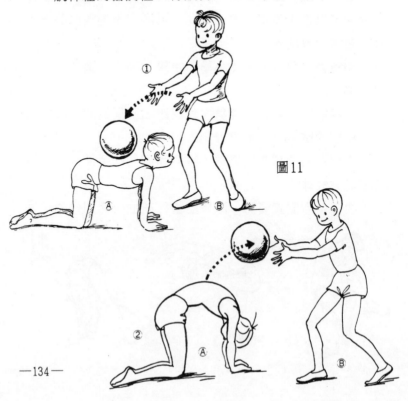

圖11

腹部頂球

二人一組投球

A採腕立仰臥姿勢。亦即雙手置於身後的地板上，彎曲膝蓋、落腰。

B站在A的身側，將球拿到A的腹部上方。

B在指令下鬆手放球。A仔細盯住球，配合落球的時機將身體反翹，用腹部將下落的球彈回上方。

這運動可培養肌肉與神經的協調性。眼和手的協調性可利用接球，而眼和腳的協調性則用足球來訓練，這個運動則可培養眼和胴體（運動腹部的肌肉）之間的協調性。

它有助於強化手臂、腳、脊椎、腹部的肌肉。

——肌肉和神經的協調性——（小學、中學、高中）圖12

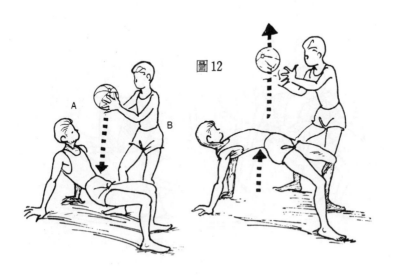

圖12

背部頂球、頭部頂球

①背部頂球

二人面對而立,將一個大球(籃球、排球等大的球)夾在二人的腹間。手不握球而二人朝左右旋轉一圈回復原位,這時必須避免球落地。

——平衡、協調力——圖13-1

②頭頂球

將球置於地板,二人面對面採匍匐姿勢。接著用額頭互相頂住球。在訊號下二人不用手只用額頭將球徐緩地頂起離地,最後站起身來。然後再將球下移到腹部位置,如①能繞轉一圈就是冠軍了。

——平衡、協調力、靈巧性的測試——圖13-2

圖13-1

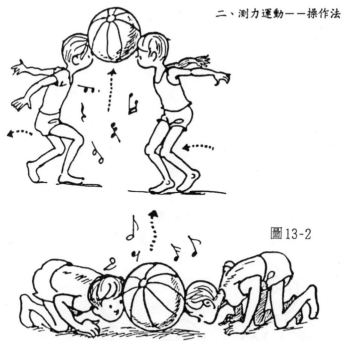

圖 13-2

彈球接球(A)

　　①用雙腳夾住球或用腳尖頂住球讓球落在腳背上。

　　②雙腳齊跳將球踢向體前再用雙手接球。

――精巧性、控制性――（小學、中學、高中）圖14-1

圖 14-1

彈球接球(B)

　　①將球置於地板上，用雙腳夾住球。

　　②雙腳夾住球並往上跳起，然後順勢將球朝後上方丟起。丟起的同時身體朝後方轉向，用雙手接住球。圖14-2

地上拍球

　　右手手掌拿球，將球朝上丟擲後原地蹲下，用雙手在地板上迅速地拍打１、２、３，立即站起身來用左手接住掉落而下的球。反覆以上的動作。

──敏捷性、控制性──（中學、高中〔女子〕）圖15

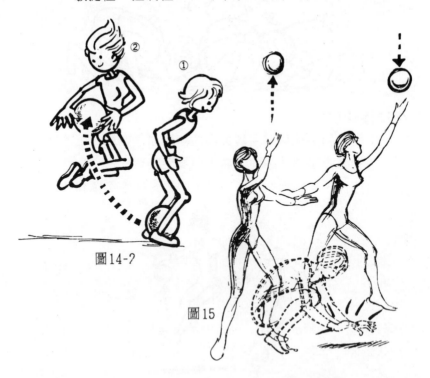

圖14-2

圖15

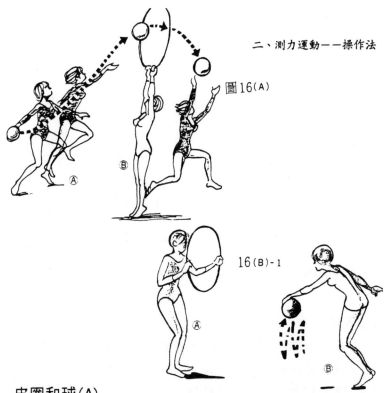

圖16(A)

16(B)-1

皮圈和球(A)

Ⓑ用雙手拿著皮圈高舉在頭上。Ⓐ用單手握球在Ⓑ的前方輕跑 2 、 3 步,同時用慢動作將球投進皮圈內。球穿過皮圈後,Ⓑ迅速走過Ⓐ的身邊,在球尚未落地時用雙手接住。Ⓐ和Ⓑ交換位置練習。

——協調性——(中學、高中〔女子〕)圖16(A)

皮圈和球(B)

Ⓐ用雙手拿著皮圈站在從皮圈內可看見Ⓑ的位置,做預備動作。Ⓑ拿著球站在離Ⓐ 2 公尺左右之前,連續做拍球的動作。Ⓑ將反彈回來的球用雙手握住,向Ⓐ打訊號後投球給Ⓐ。Ⓐ配合Ⓑ的訊號用雙手將皮圈投向Ⓑ,使球能

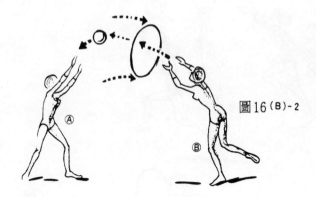

圖16(B)-2

穿過皮圈內。Ⓐ接住球、Ⓑ接住皮圈，反覆上述的動作。

圖 16(B) 1 、 2

上下傳球

①Ⓐ和Ⓑ距離約30公分，背對背、雙腳往左右微開站立，Ⓐ在體前用雙手握住球。

②Ⓐ和Ⓑ交互做前曲動作，將球從雙腳間傳遞。接著，反仰身體在頭頂上傳遞球。掌握要領後Ⓐ和Ⓑ略微前進拉開彼此的距離做傳遞球的動作。

——柔軟性、協調性——（中學、高中〔女子〕）圖17

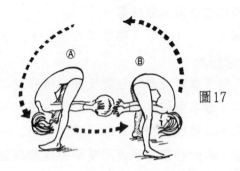

圖17

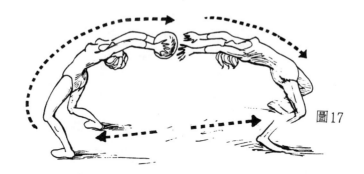

圖17

腳趾抓繩

　　赤腳生活的運動或用赤腳運動的主張都值得讚揚。

　　人類原本也擅長用腳趾做手指也能做的動作，但自從習慣穿鞋的生活後，腳趾的力量已漸漸衰微。以下我們來練習活用腳趾的運動。方法是跳繩後用腳趾撿拾地面上的繩子做投擲的動作。

　　——腳趾運用及控制性——（幼稚園、小學、中學）圖18

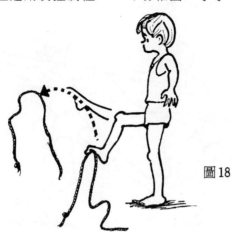

圖18

圖19

碰膝碰腳

將一條繩子綁在與腰同高的位置。練習者面向繩子站在距離約50公分的地方。單腳交互朝繩子甩動，並讓腳背碰觸繩子。達成後再靠近繩子使自己的膝蓋碰觸繩子。

——柔軟性、腹肌——（幼稚園、小學）圖19

利用繩子的均力較量

Ａ和Ｂ面對面採前後開腳站立姿勢。單手各自握住跳繩用的短繩一端。這隻手不可更換位置，而另一隻手可適當地做握繩、離繩的動作。

圖20

用力拉繩或緩繩以破壞對方的平衡感。這並非單純的拔河運動，腳步位置移動即落敗。

——平衡感——（小學、中學）圖20

取帽(A)

採開腳站立姿勢。將帽子置於雙腳之間，然後朝前走約30公分，呈開腳姿勢。接著身體做深度的前曲動作，雙手伸入雙腳間，取位於後方的帽子。將帽子的位置往後移或雙腳位置往前挪，試著以不同樣的方式取帽子。

——柔軟性——（小學、中學）圖21-1

從腳下戴帽

單腳站立，用支撐腳側的手拿帽子。然後將拿著帽子

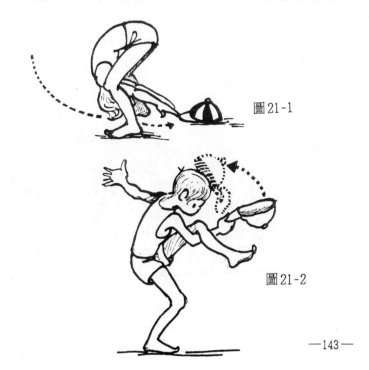

圖21-1

圖21-2

的手通過一隻腳下將帽子戴在頭上。這是測試平均運動與身體柔軟度的運動。試著用另一隻手拿著帽子戴戴看。

——柔軟性、控制性——（小學、中學）圖21—2

利用斜面的轉向

以單腳爲軸改變方向的運動在籃球的轉身投籃或溜冰、舞蹈的旋轉運動中常見。但這項運動是以斜面來實行而非水平面。

剛開始以水平面練習，掌握要領後試著在斜面上練習。即使是徐緩的斜面，一旦踏步上去動作就變得困難。旋轉時體重會置於軸腳上，因而在安全面上必須特別留意，避免斜面傾斜或從斜面上跌落。慢慢地使用較陡峭的斜面。

——靈巧性、控制性——（小學）圖22

圖22

圖23-1

台上反翹身體(A)

匍匐臥在跳箱上，將身體重心置於跳箱的正中央。

接著，慢慢地將手臂、雙腳離開地面，讓身體呈反翹狀，數1、2……10時之後再讓雙手及雙腳著地，回復原來的姿勢。——強化背肌運動——圖23—1

腹支撐平均運動(B)

將腹部（重心位置）置於椅子或跳箱的上段，腳及頭部離地，保持這個姿勢約十秒鐘。

——腹肌、背肌、平衡——（小學低中年級）

圖23-2

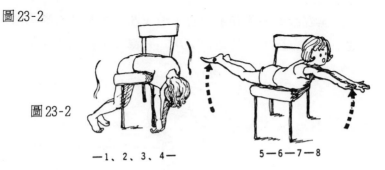

圖23-2

—1、2、3、4—　　　5—6—7—8

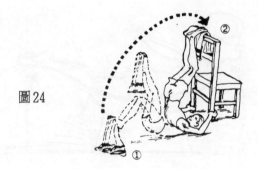

圖24

將毛巾掛在椅背上

①靠近椅背仰臥在地，用雙手握住背向椅子的兩腳。而將一條毛巾置於腳尖附近。

②用腳尖抓起毛巾，緊縮腹肌抬起腳，呈背面倒立狀用腳趾夾著毛巾靠近椅背，若能將毛巾掛在椅背上即成功。相反地，用腳尖夾起掛在椅背上的毛巾放回地面的動作，也是有趣的運動。

——腹肌、控制性——（小學、中學）圖24

單腳站立

坐在較低的跳箱或椅上，右（左）手穿過右腳下握住左（右）腳腕。保持這個姿勢，一聲令下抬起腰身站起。

圖25

站起後再坐在地上。剛開始可如下圖所示讓他人從旁輔助
。

——控制性——（小學、中學）圖25

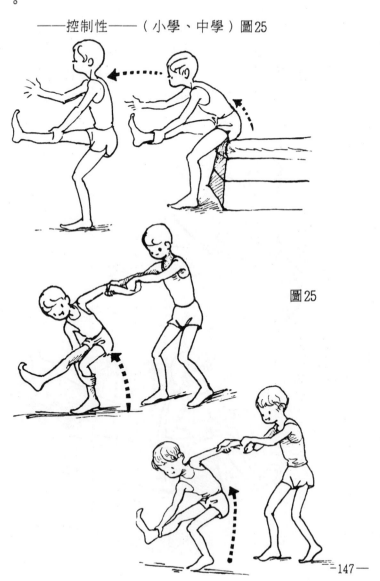

圖25

臀部跳

　　將報紙（或雜誌、手巾）放在彈墊、榻榻米或椅上。然後坐在報紙上。這時，雙腳離地，全身體重置於臀部上。在指令下朝上晃起手臂與肩膀大聲吆喝地扶起臀部，趁隙讓他人抽走臀下的報紙。臀部跳動時位置會往前移，必須避免從椅上跌落。

　　——瞬發力——（小學高年級、中學、高中）圖26

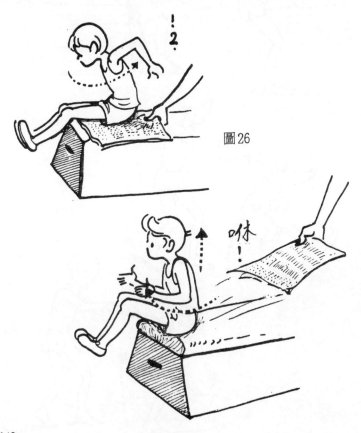

圖26

瀨戶大橋

並排兩張低矮的跳箱或小型的椅子。一個當成日本的四國。另一個當做岡山。然後坐在兩椅之間，雙腳搭在其中一個椅上，後頭部則靠在另一張椅上。準備妥當後慢慢浮起腰身並將雙腳一步步地往前移，使身體筆直伸展。坐好之後唱一首自己喜歡的歌。

——持久力、平衡測試、腹肌——（小學高年級）

圖27

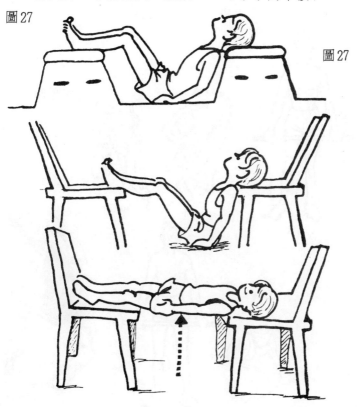

圖27

穿棒運動

①以順手握住比肩幅寬的木棒，站立。

②右腳穿過右手臂外，伸入棒內後著地。

③左手舉高，身體穿過其臂下，使左手繞到背部的腰後方。如此站起身來則成雙腳夾住木棒站立的姿勢。

④將木棒放平，左腳穿過木棒之上。

⑤回復原來的姿勢。試著朝相反側練習。

——柔軟性——（中學、高中）圖28

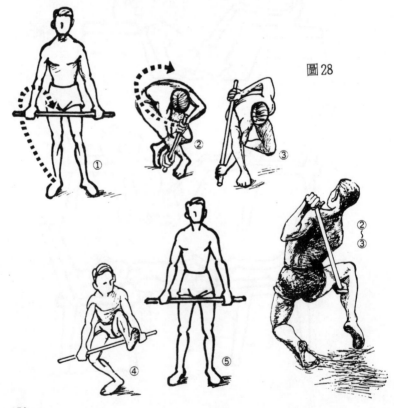

圖28

北齋漫畫中的測力運動

　　可魯塔・艾維茲這個人出版了一本名爲『版畫與日本意識』在該書中以實例指稱北齋或廣重的版畫對歐洲印象派、野獸派等畫壇巨擘的作品有極大的影響。

　　尤其是北齋漫畫古來聞名，又稱爲「Hokusaiscath」。據說全書共有十五篇三千餘圖，全數成爲後世漫畫的對象。

　　內容包括日本各地的名勝古蹟、風雨霜雪、和漢的武者、貞婦烈女、劍法槍法弓馬砲術。

　　甚至神佛貴僧高僧幻術等森羅萬象，連魑魅魍魎也網羅在內。北齋若生於現代，在他的筆下必有各種的運動競技或人造衛星、月球表面的描寫、機器人、電動玩具等等。

　　他的創作意欲可謂貪婪無度。其中也有Stunts的描述。雖然沒有附加任何說明，但很明顯地是江戶時代的Stunts（測力運動）。筆者所見就有十數種。而這些運動不僅是兒童，連成年人們也認眞地參與其中，委實饒人興味。

　　筆者也想知道在江戶時代這種像是遊戲或運動的該做何稱呼。北齋是在文化十一年（1814年）首次出版這本漫畫，這本漫畫富有機智及充滿著人類觀察的趣味性，深獲當時市民們的喜愛，似乎賣得相當好。

測 力 運 動

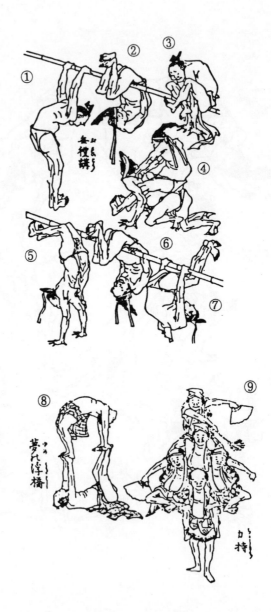

　以下，我想從漫畫中（八篇中）撿拾自認為是測力運動的項目做一番說明，不過，北齋漫畫本身並沒有附加任何說明。事實上漫畫本來就不需要說明或解說。至今附帶太多說明的漫畫都稱不上是好漫畫。「一看便知」式的北齋的精湛筆調隨處可見。

　不過，在此將以江戶時代與現今平成時代的時間距離及體育上的觀點做評斷的依據。

　「無禮講」中的動作是利用竹竿的運動，亦即現今的鐵棒運動。北齋漫畫問世之時正是德國的亞恩在柏林郊外的哈森罕德設體操場，積極地教導德國青年們器械體操的時候。由於德國並無竹竿，而用粗木棒掛在樹上做為垂懸運動。

　這就是往後變成鐵棒運動的平衡棒。亞恩所處的環境若像日本一樣有豐富的竹子，當然會像江戶的青年們一樣使用竹竿。木棒和竹竿不同，粗大難握，太細又容易折毀，因而在中心放一根鐵棒。日久磨損後外面的木質脫落而變成鐵棒，如果哈森罕德的森林裡種有竹子，必會使鐵棒的誕生延後許久吧。

　而北齋漫畫中垂懸運動的形式倒不難想像，不過，端看其中採搭滅火用梯子的動作，令人覺得它並非現今鐵棒運動的振動或旋轉技巧，而是屬於靜態的動作。②和⑥似乎是反轉而上的動作。①和⑦也許是背面水平或靜態的空中穿洞的動作。而③和鐵棒似乎毫無關係，是雙手著地保持平衡的運動吧。至於④似乎是猜拳的動作，落敗者要變

成馬由獲勝者騎在上頭步走，確實情況不得而知。⑤是一種倒立運動似乎不是保持靜止而是步行。⑧是目前的組合運動。以上帶有外行人的味道，似乎是肢體靈活的青年們隱藏的絕技，而⑨從其服裝看來應是演藝人士所做的組合運動，可比擬為現今的馬戲團節目吧。

Ⓐ是採長坐姿勢用單手握住相反側腳的腳腕，頭部從中鑽出。做這個動作而不會掉了頭上的烏紗帽可了不起。

Ⓑ是從仰臥姿勢抬起上體抱住雙腳以保持平衡的動作。以現今的運動語詞而言，也許相當於 V 字平衡吧。和鐵棒的二回空中翻滾的架勢類似。

如前所述，北齋漫畫中沒有附帶任何說明，因而只能憑空想像。Ⓒ是現今的凌波舞吧。但並非穿越木棒而是在翻動的布條下穿越。但腳部位置過高，也許是抬高腳碰觸布條的遊戲，但做這個動作卻不注視布條倒有些奇怪。

Ⓓ是採盤腿坐，右手握左耳、左手握右耳。但光是如此動作過於簡單，也許會有某種指令或口中唸誦某些咒文，然後迅速地更換握耳的手勢吧。若是當時的江戶青年應可一眼看穿是那種遊戲了。

Ⓔ是雙手抱胸用腳戴竹笠、竹簍的遊戲。小帽子戴起來不易，不妨用夏天的藤編帽試試看。

＊Limbo 原意是收容所。起源自中美的曲藝舞蹈，一邊舞蹈一邊穿過低矮的棒下。據說這是將黑人穿越收容所的柵欄脫逃的動作變化成舞蹈的形式。

Ⓕ是先背負對方。而被背負者用雙腳夾住對方的腹部

，雙手分開讓身體徐緩的反翹，直到著地後再回復原先背
負的姿勢。至於背負者，會配合背上對方身體反翹的程度
做身體前曲運動以保持平衡。

　　Ｇ是單手握住單腳，保持跳躍的動作並用單手推壓對
方、碰觸以破壞對方身體平衡的相撲動作。手離開腳部或
跌倒者落敗。

　　Ｈ是二人一組、呈倒Ｖ姿勢做拔河的動作吧。被拔動
而跌倒者即落敗。雖然沒有所謂的「體育」「運動」等名
稱，但我們的祖先在其生活中已有許多使人遊樂其中的身
體活動。

作者簡介

濱田靖一

出生於1914年7月10日。

神奈川縣川崎市多摩區生田6-36-34

1940年　日本體育會體操學校高等師範科畢業。

1941年　厚生省體育官補

1946年　文部省體育官補

1954年　日本體育大學副教授

1962年　日本大學教授

1971年　日本大學大學院教授

1985年　日本大學名譽教授

至今。

＜著作＞

體操手冊、團體體操等多數。

大展出版社有限公司　圖書目錄

地址：台北市北投區11204　　電話：(02) 8236031
　　　致遠一路二段12巷1號　　　　　　8236033
郵撥：0166955～1　　　　　　傳眞：(02) 8272069

⑩性格測驗10　由裝扮瞭解人心　　淺野八郎著　140元
⑪性格測驗11　敲開內心玄機　　　淺野八郎著　140元
⑫性格測驗12　透視你的未來　　　淺野八郎著　140元
⑬血型與你的一生　　　　　　　　淺野八郎著　140元
⑭趣味推理遊戲　　　　　　　　　淺野八郎著　160元
⑮行為語言解析　　　　　　　　　淺野八郎著　160元

・婦 幼 天 地・電腦編號 16

①八萬人減肥成果　　　　　　　　　黃靜香譯　150元
②三分鐘減肥體操　　　　　　　　　楊鴻儒譯　150元
③窈窕淑女美髮秘訣　　　　　　　　柯素娥譯　130元
④使妳更迷人　　　　　　　　　　　成　玉譯　130元
⑤女性的更年期　　　　　　　　　　官舒妍編譯　160元
⑥胎內育兒法　　　　　　　　　　　李玉瓊編譯　150元
⑦早產兒袋鼠式護理　　　　　　　　唐岱蘭譯　200元
⑧初次懷孕與生產　　　　　　婦幼天地編譯組　180元
⑨初次育兒12個月　　　　　　婦幼天地編譯組　180元
⑩斷乳食與幼兒食　　　　　　婦幼天地編譯組　180元
⑪培養幼兒能力與性向　　　　婦幼天地編譯組　180元
⑫培養幼兒創造力的玩具與遊戲　婦幼天地編譯組　180元
⑬幼兒的症狀與疾病　　　　　婦幼天地編譯組　180元
⑭腿部苗條健美法　　　　　　婦幼天地編譯組　150元
⑮女性腰痛別忽視　　　　　　婦幼天地編譯組　150元
⑯舒展身心體操術　　　　　　　　　李玉瓊編譯　130元
⑰三分鐘臉部體操　　　　　　　　　趙薇妮著　160元
⑱生動的笑容表情術　　　　　　　　趙薇妮著　160元
⑲心曠神怡減肥法　　　　　　　　川津祐介著　130元
⑳內衣使妳更美麗　　　　　　　　　陳玄茹譯　130元
㉑瑜伽美姿美容　　　　　　　　　黃靜香編著　150元
㉒高雅女性裝扮學　　　　　　　　　陳珮玲譯　180元
㉓蠶糞肌膚美顏法　　　　　　　　坂梨秀子著　160元
㉔認識妳的身體　　　　　　　　　　李玉瓊譯　160元
㉕產後恢復苗條體態　　　　　居理安・芙萊喬著　200元
㉖正確護髮美容法　　　　　　　山崎伊久江著　180元
㉗安琪拉美姿養生學　　　　安琪拉蘭斯博瑞著　180元

・青 春 天 地・電腦編號 17

①A血型與星座　　　　　　　　　　柯素娥編譯　120元
②B血型與星座　　　　　　　　　　柯素娥編譯　120元

・健 康 天 地・電腦編號 18

（3）

⑥胃部強健法　　　　　　　　　陳炳崑譯　120元
⑦癌症早期檢查法　　　　　　　廖松濤譯　160元
⑧老人痴呆症防止法　　　　　　柯素娥編譯　130元
⑨松葉汁健康飲料　　　　　　　陳麗芬編譯　130元
⑩揉肚臍健康法　　　　　　　　永井秋夫著　150元
⑪過勞死、猝死的預防　　　　　卓秀貞編譯　130元
⑫高血壓治療與飲食　　　　　　藤山順豐著　150元
⑬老人看護指南　　　　　　　　柯素娥編譯　150元
⑭美容外科淺談　　　　　　　　楊啟宏著　150元
⑮美容外科新境界　　　　　　　楊啟宏著　150元
⑯鹽是天然的醫生　　　　　　　西英司郎著　140元
⑰年輕十歲不是夢　　　　　　　梁瑞麟譯　200元
⑱茶料理治百病　　　　　　　　桑野和民著　180元
⑲綠茶治病寶典　　　　　　　　桑野和民著　150元
⑳杜仲茶養顏減肥法　　　　　　西田博著　150元
㉑蜂膠驚人療效　　　　　　　　瀨長良三郎著　150元
㉒蜂膠治百病　　　　　　　　　瀨長良三郎著　150元
㉓醫藥與生活　　　　　　　　　鄭炳全著　180元
㉔鈣長生寶典　　　　　　　　　落合敏著　180元
㉕大蒜長生寶典　　　　　　　　木下繁太郎著　160元
㉖居家自我健康檢查　　　　　　石川恭三著　160元
㉗永恒的健康人生　　　　　　　李秀鈴譯　200元
㉘大豆卵磷脂長生寶典　　　　　劉雪卿譯　150元
㉙芳香療法　　　　　　　　　　梁艾琳譯　160元
㉚醋長生寶典　　　　　　　　　柯素娥譯　180元
㉛從星座透視健康　　　　席拉‧吉蒂斯著　180元
㉜愉悅自在保健學　　　　　　　野本二士夫著　160元
㉝裸睡健康法　　　　　　　　　丸山淳士等著　160元
㉞糖尿病預防與治療　　　　　　藤田順豐著　180元
㉟維他命長生寶典　　　　　　　菅原明子著　180元
㊱維他命C新效果　　　　　　　鐘文訓編　150元
㊲手、腳病理按摩　　　　　　　堤芳郎著　160元
㊳AIDS瞭解與預防　　　　　彼得塔歇爾著　180元
㊴甲殼質殼聚糖健康法　　　　　沈永嘉譯　160元

・實用女性學講座・電腦編號 19

①解讀女性內心世界　　　　　　島田一男著　150元
②塑造成熟的女性　　　　　　　島田一男著　150元
③女性整體裝扮學　　　　　　　黃靜香編著　180元
④女性應對禮儀　　　　　　　　黃靜香編著　180元

· 校 園 系 列 · 電腦編號 20

①讀書集中術   多湖輝著   150元
②應考的訣竅   多湖輝著   150元
③輕鬆讀書贏得聯考   多湖輝著   150元
④讀書記憶秘訣   多湖輝著   150元
⑤視力恢復！超速讀術   江錦雲譯   180元

· 實用心理學講座 · 電腦編號 21

①拆穿欺騙伎倆   多湖輝著   140元
②創造好構想   多湖輝著   140元
③面對面心理術   多湖輝著   160元
④偽裝心理術   多湖輝著   140元
⑤透視人性弱點   多湖輝著   140元
⑥自我表現術   多湖輝著   150元
⑦不可思議的人性心理   多湖輝著   150元
⑧催眠術入門   多湖輝著   150元
⑨責罵部屬的藝術   多湖輝著   150元
⑩精神力   多湖輝著   150元
⑪厚黑說服術   多湖輝著   150元
⑫集中力   多湖輝著   150元
⑬構想力   多湖輝著   150元
⑭深層心理術   多湖輝著   160元
⑮深層語言術   多湖輝著   160元
⑯深層說服術   多湖輝著   180元
⑰掌握潛在心理   多湖輝著   160元

· 超現實心理講座 · 電腦編號 22

①超意識覺醒法   詹蔚芬編譯   130元
②護摩秘法與人生   劉名揚編譯   130元
③秘法！超級仙術入門   陸　明譯   150元
④給地球人的訊息   柯素娥編著   150元
⑤密教的神通力   劉名揚編著   130元
⑥神秘奇妙的世界   平川陽一著   180元
⑦地球文明的超革命   吳秋嬌譯   200元
⑧力量石的秘密   吳秋嬌譯   180元
⑨超能力的靈異世界   馬小莉譯   200元

·養 生 保 健· 電腦編號 23

①醫療養生氣功	黃孝寬著	250元
②中國氣功圖譜	余功保著	230元
③少林醫療氣功精粹	井玉蘭著	250元
④龍形實用氣功	吳大才等著	220元
⑤魚戲增視強身氣功	宮 嬰著	220元
⑥嚴新氣功	前新培金著	250元
⑦道家玄牝氣功	張 章著	200元
⑧仙家秘傳祛病功	李遠國著	160元
⑨少林十大健身功	秦慶豐著	180元
⑩中國自控氣功	張明武著	250元
⑪醫療防癌氣功	黃孝寬著	250元
⑫醫療強身氣功	黃孝寬著	250元
⑬醫療點穴氣功	黃孝寬著	220元
⑭中國八卦如意功	趙維漢著	

·社 會 人 智 囊· 電腦編號 24

①糾紛談判術	清水增三著	160元
②創造關鍵術	淺野八郎著	150元
③觀人術	淺野八郎著	180元
④應急詭辯術	廖英迪編著	160元
⑤天才家學習術	木原武一著	160元
⑥貓型狗式鑑人術	淺野八郎著	180元
⑦逆轉運掌握術	淺野八郎著	180元
⑧人際圓融術	澀谷昌三著	160元

·精 選 系 列· 電腦編號 25

①毛澤東與鄧小平	渡邊利夫等著	280元
②中國大崩裂	江戶介雄著	180元
③台灣·亞洲奇蹟	上村幸治著	220元
④7-ELEVEN高盈收策略	國友隆一著	180元

·運 動 遊 戲· 電腦編號 26

①雙人運動	李玉瓊譯	160元
②愉快的跳繩運動	廖玉山譯	180元
③運動會項目精選	王佑京譯	150元

④肋木運動　　　　　　　　　廖玉山譯　　150元
⑤測力運動　　　　　　　　　王佑宗譯　　150元

| ・心 靈 雅 集・ 電腦編號 00 |

①禪言佛語看人生　　　　　　松濤弘道著　　180元
②禪密教的奧秘　　　　　　　葉逯謙譯　　120元
③觀音大法力　　　　　　　　田口日勝著　　120元
④觀音法力的大功德　　　　　田口日勝著　　120元
⑤達摩禪106智慧　　　　　　劉華亭編譯　　150元
⑥有趣的佛教研究　　　　　　葉逯謙編譯　　120元
⑦夢的開運法　　　　　　　　蕭京凌譯　　130元
⑧禪學智慧　　　　　　　　　柯素娥編譯　　130元
⑨女性佛教入門　　　　　　　許俐萍譯　　110元
⑩佛像小百科　　　　　　　　心靈雅集編譯組　130元
⑪佛教小百科趣談　　　　　　心靈雅集編譯組　120元
⑫佛教小百科漫談　　　　　　心靈雅集編譯組　150元
⑬佛教知識小百科　　　　　　心靈雅集編譯組　150元
⑭佛學名言智慧　　　　　　　松濤弘道著　　220元
⑮釋迦名言智慧　　　　　　　松濤弘道著　　220元
⑯活人禪　　　　　　　　　　平田精耕著　　120元
⑰坐禪入門　　　　　　　　　柯素娥編譯　　120元
⑱現代禪悟　　　　　　　　　柯素娥編譯　　130元
⑲道元禪師語錄　　　　　　　心靈雅集編譯組　130元
⑳佛學經典指南　　　　　　　心靈雅集編譯組　130元
㉑何謂「生」　阿含經　　　　心靈雅集編譯組　150元
㉒一切皆空　般若心經　　　　心靈雅集編譯組　150元
㉓超越迷惘　法句經　　　　　心靈雅集編譯組　130元
㉔開拓宇宙觀　華嚴經　　　　心靈雅集編譯組　130元
㉕真實之道　法華經　　　　　心靈雅集編譯組　130元
㉖自由自在　涅槃經　　　　　心靈雅集編譯組　130元
㉗沈默的教示　維摩經　　　　心靈雅集編譯組　150元
㉘開通心眼　佛語佛戒　　　　心靈雅集編譯組　130元
㉙揭秘寶庫　密教經典　　　　心靈雅集編譯組　130元
㉚坐禪與養生　　　　　　　　廖松濤譯　　110元
㉛釋尊十戒　　　　　　　　　柯素娥編譯　　120元
㉜佛法與神通　　　　　　　　劉欣如編著　　120元
㉝悟（正法眼藏的世界）　　　柯素娥編譯　　120元
㉞只管打坐　　　　　　　　　劉欣如編譯　　120元
㉟喬答摩・佛陀傳　　　　　　劉欣如編著　　120元
㊱唐玄奘留學記　　　　　　　劉欣如編譯　　120元

㊲佛教的人生觀	劉欣如編譯	110元
㊳無門關（上卷）	心靈雅集編譯組	150元
㊴無門關（下卷）	心靈雅集編譯組	150元
㊵業的思想	劉欣如編著	130元
㊶佛法難學嗎	劉欣如著	140元
㊷佛法實用嗎	劉欣如著	140元
㊸佛法殊勝嗎	劉欣如著	140元
㊹因果報應法則	李常傳編	140元
㊺佛教醫學的奧秘	劉欣如編著	150元
㊻紅塵絕唱	海　若著	130元
㊼佛教生活風情	洪丕謨、姜玉珍著	220元
㊽行住坐臥有佛法	劉欣如著	160元
㊾起心動念是佛法	劉欣如著	160元
㊿四字禪語	曹洞宗青年會	200元
(51)妙法蓮華經	劉欣如編著	160元

•經　營　管　理•電腦編號 01

◎創新經營管理六十六大計（精）	蔡弘文編	780元
①如何獲取生意情報	蘇燕謀譯	110元
②經濟常識問答	蘇燕謀譯	130元
③股票致富68秘訣	簡文祥譯	200元
④台灣商戰風雲錄	陳中雄著	120元
⑤推銷大王秘錄	原一平著	180元
⑥新創意•賺大錢	王家成譯	90元
⑦工廠管理新手法	琪　輝著	120元
⑧奇蹟推銷術	蘇燕謀譯	100元
⑨經營參謀	柯順隆譯	120元
⑩美國實業24小時	柯順隆譯	80元
⑪撼動人心的推銷法	原一平著	150元
⑫高竿經營法	蔡弘文編	120元
⑬如何掌握顧客	柯順隆譯	150元
⑭一等一賺錢策略	蔡弘文編	120元
⑯成功經營妙方	鐘文訓著	120元
⑰一流的管理	蔡弘文編	150元
⑱外國人看中韓經濟	劉華亭譯	150元
⑲企業不良幹部群相	琪輝編著	120元
⑳突破商場人際學	林振輝編著	90元
㉑無中生有術	琪輝編著	140元
㉒如何使女人打開錢包	林振輝編著	100元
㉓操縱上司術	邑井操著	90元

⑩黃金投資策略	黃俊豪編著	180元
⑪厚黑管理學	廖松濤編譯	180元
⑫股市致勝格言	呂梅莎編譯	180元
⑬透視西武集團	林谷燁編譯	150元
⑯巡迴行銷術	陳蒼杰譯	150元
⑰推銷的魔術	王嘉誠譯	120元
⑱60秒指導部屬	周蓮芬編譯	150元
⑲精銳女推銷員特訓	李玉瓊編譯	130元
⑳企劃、提案、報告圖表的技巧	鄭　汶　譯	180元
㉛海外不動產投資	許達守編譯	150元
㉜八百伴的世界策略	李玉瓊譯	150元
㉝服務業品質管理	吳宜芬譯	180元
㉞零庫存銷售	黃東謙編譯	150元
㉟三分鐘推銷管理	劉名揚編譯	150元
㊱推銷大王奮鬥史	原一平著	150元
㊲豐田汽車的生產管理	林谷燁編譯	150元

·成功寶庫· 電腦編號 02

①上班族交際術	江森滋著	100元
②拍馬屁訣竅	廖玉山編譯	110元
④聽話的藝術	歐陽輝編譯	110元
⑨求職轉業成功術	陳　義編著	110元
⑩上班族禮儀	廖玉山編著	120元
⑪接近心理學	李玉瓊編著	100元
⑫創造自信的新人生	廖松濤編著	120元
⑭上班族如何出人頭地	廖松濤編著	100元
⑮神奇瞬間瞑想法	廖松濤編譯	100元
⑯人生成功之鑰	楊意苓編著	150元
⑲給企業人的諍言	鐘文訓編著	120元
⑳企業家自律訓練法	陳　義編譯	100元
㉑上班族妖怪學	廖松濤編著	100元
㉒猶太人縱橫世界的奇蹟	孟佑政編著	110元
㉓訪問推銷術	黃靜香編著	130元
㉕你是上班族中強者	嚴思圖編著	100元
㉖向失敗挑戰	黃靜香編著	100元
㉙機智應對術	李玉瓊編著	130元
㉚成功頓悟100則	蕭京凌編譯	130元
㉛掌握好運100則	蕭京凌編譯	110元
㉜知性幽默	李玉瓊編譯	130元
㉝熟記對方絕招	黃靜香編譯	100元

⑧性格性向創前程　　　　楊鴻儒編譯　130元
⑧訪問行銷新竅門　　　　廖玉山編譯　150元
⑧無所不達的推銷話術　　李玉瓊編譯　150元

・處世智慧・電腦編號 03

①如何改變你自己　　　　陸明編譯　120元
②人性心理陷阱　　　　　多湖輝著　90元
④幽默說話術　　　　　　林振輝編譯　120元
⑤讀書36計　　　　　　黃柏松編譯　120元
⑥靈感成功術　　　　　　譚繼山編譯　80元
⑧扭轉一生的五分鐘　　　黃柏松編譯　100元
⑨知人、知面、知其心　　林振輝譯　110元
⑩現代人的詭計　　　　　林振輝譯　100元
⑫如何利用你的時間　　　蘇遠謀譯　80元
⑬口才必勝術　　　　　　黃柏松編譯　120元
⑭女性的智慧　　　　　　譚繼山編譯　90元
⑮如何突破孤獨　　　　　張文志編譯　80元
⑯人生的體驗　　　　　　陸明編譯　80元
⑰微笑社交術　　　　　　張芳明譯　90元
⑱幽默吹牛術　　　　　　金子登著　90元
⑲攻心說服術　　　　　　多湖輝著　100元
⑳當機立斷　　　　　　　陸明編譯　70元
㉑勝利者的戰略　　　　　宋恩臨編譯　80元
㉒如何交朋友　　　　　　安紀芳編著　70元
㉓鬥智奇謀（諸葛孔明兵法）陳炳崑著　70元
㉔慧心良言　　　　　　　亦　奇著　80元
㉕名家慧語　　　　　　　蔡逸鴻主編　90元
㉗稱霸者啟示金言　　　　黃柏松編譯　90元
㉘如何發揮你的潛能　　　陸明編譯　90元
㉙女人身態語言學　　　　李常傳譯　130元
㉚摸透女人心　　　　　　張文志譯　90元
㉛現代戀愛秘訣　　　　　王家成譯　70元
㉜給女人的悄悄話　　　　妮倩編譯　90元
㉞如何開拓快樂人生　　　陸明編譯　90元
㉟驚人時間活用法　　　　鐘文訓譯　80元
㊱成功的捷徑　　　　　　鐘文訓譯　70元
㊲幽默逗笑術　　　　　　林振輝著　120元
㊳活用血型讀書法　　　　陳炳崑譯　80元
㊴心　燈　　　　　　　　葉于模著　100元
㊵當心受騙　　　　　　　林顯茂譯　90元

⑧鍺奇蹟療效	林宏儒譯	120元
⑧三分鐘健身運動	廖玉山譯	120元
⑧尿療法的奇蹟	廖玉山譯	120元
⑧神奇的聚積療法	廖玉山譯	120元
⑧預防運動傷害伸展體操	楊鴻儒編譯	120元
⑧五日就能改變你	柯素娥譯	110元
⑧三分鐘氣功健康法	陳美華譯	120元
⑨痛風劇痛消除法	余昇凌譯	120元
⑨道家氣功術	早島正雄著	130元
⑨氣功減肥術	早島正雄著	120元
⑨超能力氣功法	柯素娥譯	130元
⑨氣的瞑想法	早島正雄著	120元

・家 庭／生 活・電腦編號 05

①單身女郎生活經驗談	廖玉山編著	100元
②血型・人際關係	黃靜編著	120元
③血型・妻子	黃靜編著	110元
④血型・丈夫	廖玉山編譯	130元
⑤血型・升學考試	沈永嘉編譯	120元
⑥血型・臉型・愛情	鐘文訓編譯	120元
⑦現代社交須知	廖松濤編譯	100元
⑧簡易家庭按摩	鐘文訓編譯	150元
⑨圖解家庭看護	廖玉山編譯	120元
⑩生男育女隨心所欲	岡正基編著	160元
⑪家庭急救治療法	鐘文訓編著	100元
⑫新孕婦體操	林曉鐘譯	120元
⑬從食物改變個性	廖玉山編譯	100元
⑭藥草的自然療法	東城百合子著	200元
⑮糙米菜食與健康料理	東城百合子著	180元
⑯現代人的婚姻危機	黃　靜編著	90元
⑰親子遊戲　0歲	林慶旺編譯	100元
⑱親子遊戲　1～2歲	林慶旺編譯	110元
⑲親子遊戲　3歲	林慶旺編譯	100元
⑳女性醫學新知	林曉鐘編譯	130元
㉑媽媽與嬰兒	張汝明編譯	180元
㉒生活智慧百科	黃　靜編譯	100元
㉓手相・健康・你	林曉鐘編譯	120元
㉔菜食與健康	張汝明編譯	110元
㉕家庭素食料理	陳東達著	140元
㉖性能力活用秘法	米開・尼里著	150元

國立中央圖書館出版品預行編目資料

測力運動／濱田靖一著；王佑宗譯
－－初版－－臺北市；大展．民84
　　　面；　　　公分，－（運動遊戲；5）
　譯自：力試し運動
　ISBN　　957-557-567-9（平裝）

1.運動生理

528.925　　　　　　　　　　　　　　　84013252

【版權所有・翻印必究】

測力運動

ISBN 957-557-567-9

原 著 者／濱田靖一　　　　　承 印 者／高星企業有限公司

編 譯 者／王 佑 宗　　　　　裝　　訂／日新裝訂所

發 行 人／蔡 森 明　　　　　排 版 者／千賓電腦打字有限公司

出 版 者／大展出版社有限公司　電　　話／（02）8836052

社　　址／台北市北投區（石牌）

　　　　　致遠一路二段12巷1號　初　　版／1995年（民84年）12月

電　　話／（02）8236031・8236033

傳　　眞／（02）8272069

郵政劃撥／0166955－1　　　　定　　價／150元

登 記 證／局版臺業字第2171號

●本書若有破損缺頁敬請寄回本社更換●

大展好書 ✕ 好書大展